eco《》多摩

えこたま食堂

もくじ

この本のつかいかた

禁煙／分煙
いずれかの表記がない場合は、喫煙可です。

カウンター
カウンターがあり、おひとりさまのご来店も歓迎の意味を含みます。

予約
事前の予約が可能です。

要予約
完全予約制など、必ず予約が必要です。

貸切
事前連絡で貸切が可能です。

パーティー
事前連絡でパーティーが可能です。

個室
個室があるお店です。

テイクアウト
メニューの持ち帰りができます（一部のメニューの場合もあります）。
プラスチックではなく紙の容器を使用したり、容器持参歓迎のお店もあります。

通販
全国発送など、お取り寄せが可能です。

イートイン
パン屋さん、ケーキ屋さんなどでカフェを併設していたり、イートインスペースがあります。

アレルギー対応
卵・小麦など食品アレルギーについて、できる範囲で対応可能なお店です。事前の予約が必要な場合もあります。

バリアフリー
車いすやベビーカーでの来店を考慮して設えられています。

本書のデータは、２０１０年１月現在のものです。
取材後の料金・営業時間などの変更もありえますので、ご了承ください。

多摩市

手づくりケーキの店　ナチュランド

生産者の顔が見える
ナチュラルケーキ

多摩市永山6-9-3　ハイム永山105
042-337-1020
京王線、小田急線永山駅からバスで「永山高校前」下車５分
10：00～18：00
日休

子どもたちが安心して食べられる、アトピーがあっても「食べていいよ」と言ってあげられるケーキをつくり続けている。

「最近は、野菜を使ったお菓子がさらに増えましたよ」と代表の山本道子さん。オニオンを炒めて甘みを出すノンシュガークッキー、キャベツとマヨネーズのお好み焼き風味のクラッカーなど楽しい品揃え。

野菜の産地はいろいろで、生産者の方と仲良くなって、本当に顔が見える野菜を使っている。かぼちゃは北海道の杉野さん、小松菜は小金井の川里さんなど遠くからも近くからも愛しい野菜が届く。基本材料は長野県産の国産小麦粉、町田市の小林養鶏場の自然卵、ミネラルが豊富な洗双糖、よつ葉の牛乳とバターなど。冷凍技術もますます進んで、全国に「ナチュランド」を届けることができるようになった。

禁煙／テイクアウト
通販／アレルギー対応

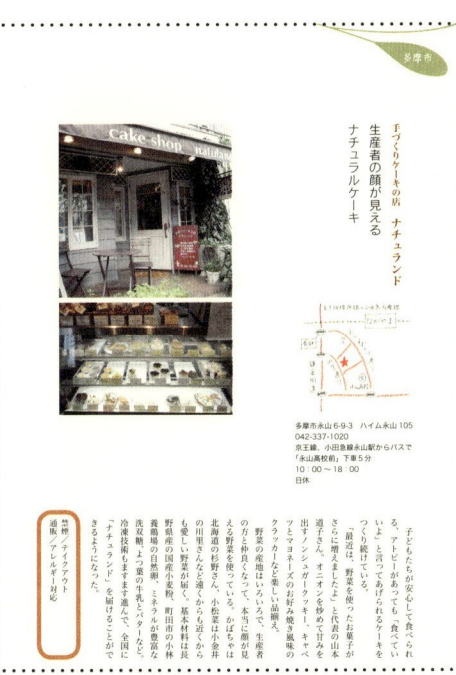

はじめに

野菜たっぷりのからだにやさしいごはん。

国産小麦粉でつくられるパンやお菓子。

アレルギーの食事制限に対応してくれる自然派レストラン。

多摩には、安心できて元気がもらえるお店がたくさんある。それは、直売所で農家の方から野菜を買えたり、オーガニック食材を扱う自然食品店が多い、この地域のうれしい魅力のひとつだなあと思う。


できることなら、誰がどんな風につくったものなのかが分かるものを食べたいなと願う暮らしの中で、心にまで響く「おいしい」をたぐりよせると、食材のこだわりだけでなく、存在そのものが地域の中で有機的だなと感じるお店とつながることができた。

そして、ぜひとも伝えたい、もっともっと広めたいお店情報満載のガイドブックができあがった。


毎日通いたい、晴れの日に行きたい、子どもといっしょに外ごはんなど、さまざまな場面にふさわしい1軒にあなたが出合えますように。

玄米ごはんを食べながら素になるひととき

base café《ベースカフェ》

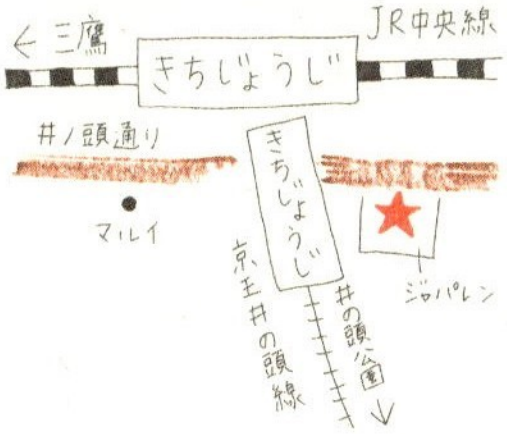

武蔵野市吉祥寺南町 1-6-7
レンタカージャパレン 3F
0422-46-0337
JR 中央線吉祥寺駅から徒歩３分
11：30 ～ 21：30（LO）
月・火休

包丁とまな板が触れる〝トントン〟と、井の頭線の走る〝ガタゴト〟が店内で流れる音楽と重なり合う。テーブルにセットされた、あたたかい番茶。白いポットを手に取って、蓋をそっと押さえて注ぐ。お茶をいただくためのていねいな日常の動作に、心底、ほっ。

古いビルのキャバレーの控え室だったという、昔の表情むき出しの空間。そこに玄米ごはんとお味噌汁、おばあちゃんの顔を思い出すような野菜のおかずがあるというおもしろさ。「そう、おもしろがってもらって、それでうれしいんです」とオーナーの奥津友吾さん。

食材の買い物は開店前からつきあいがある地元の自然食品店「グルッペ吉祥寺店」へ。魅力的な生産者のおいしい野菜が集まっている八百屋だ。厨房スタッフが出向き、野菜をじっくり見て選びながら、そのときのイマジネーションでメインや小鉢の献立を考える。

お昼ごはんのセット（11時半〜15時　1200円）は、玄米ごはんとお味噌汁にメイン1種と小鉢1種、あるいは小鉢3種が付く。選びながら、自分自身の食べたいもの、からだの調子、足りていない野菜を見直すことができる。写真は、「蓮根の蒸し団子野菜あんかけ」と「白菜、切干大根、柿のマリネ」。

押しつけがましくなく、ほのかな余韻が残るような食事とスイーツとお酒。ベーシックを届けたい、と話す奥津さんの気持ちが隅々にまでいきわたっている。その余韻は「base cafe」がここにあるという記憶、また訪ねたいという思いにつながっている。

禁煙／畳の小上がりあり
アレルギー対応
マクロビオティック料理教室
「Organic Base」開催

ことり焼菓子店

ギャラリーのような小さな焼菓子店

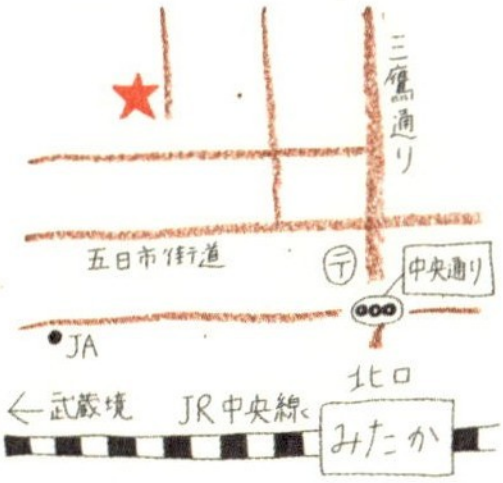

武蔵野市緑町 2-4-38
0422-54-8850
JR 中央線三鷹駅北口からバスで
「武蔵野住宅」下車３分
11：00～18：00
月・火休

自然素材からなるお店は、デザインを学んだ店主の伊藤綾子さん自身が、ゆっくりとお菓子を選んでもらえるようなお店をイメージしてラフを描いた。

できるだけからだにいいものを使おうと心がけていて、卵はお隣の珈琲店「香七絵」のマスターが仕入れてくる静岡県川根の平飼い鶏の卵。小麦粉は北海道江別製粉の「ドルチェ」、ベーキングパウダーは国産のアルミニウムフリー、砂糖は「本和香《ほんわか》糖」、よつ葉のバターが主な材料。定休日には「グルッペ吉祥寺店」へ旬の果物を仕入れに行き、実家のお母さんが育てる野菜も届く。

「私がお客さんだったらと考えて材料を選び、価格を設定するようにしています」。お手頃な理由を知って、一層親しみがわく。

絵本のページをめくるように、木の扉をわくわくしながら押して、ことり焼菓子店の世界でしばしゆるりと過ごしましょう。

武蔵野市緑町、かけこみ珈琲村

自家焙煎珈琲家　香《か》七《な》絵《え》

ことり焼菓子店のお隣、お菓子の甘い香りの次にうっとりうれしい珈琲の香り。2つのドアがあり、西側の店先には、しいたけや日本茶、みかんや大根漬け、お隣でうわさした平飼い卵、木曜日限定販売のベーグルも並び、一体何屋さん？　と思う自家焙煎の珈琲豆屋さん。

「武蔵野市の中心、ということは日本の、いや地球規模で見ても最高の場所にある商店街がこんなにさびれているのはなぜ」。

　バリバリの企業戦士だったマスター・岩室正巳さんが土日起業で豆屋を開いて、卸し業も波に乗ったころ出合ったのがこの場所。「頑張って働く日本を支える人たちが、ひと息つける場所が必要。豆を買うついでに人生相談できたり、ふっと気が許せるサロンを僕がつくろう」と思い立った。

　おいしい珈琲に、スタッフの慶子さんのやさしい心配りとマスターの落語的助言やダジャレが添えられる。疲れた心に、笑顔が戻る。

コーヒーの焙煎教室など開催(不定期)

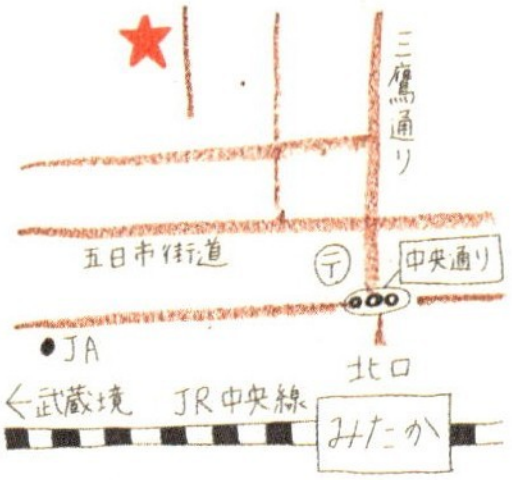

武蔵野市緑町 2-4-38
0422-36-0201
JR 中央線三鷹駅北口からバスで
「武蔵野住宅」下車３分
10：00～19：00
火休

yomo

女子ひとり、のんびり夜ごはん&のみ

手づくりの鍋つかみ、コースター、ポットカバーがお行儀よくちょこんと並ぶ。一番奥の冷蔵庫から5歩でカウンターまで届く小さな台所。ショートカットの鈴木菜央さんは、満席になっても慌てずにコーヒーの豆を挽いてドリップする。

社会人になってひとり暮らしを始めたころに「アースデイマーケット」で出合った有機野菜。「味が濃くておいしいって思ったんです」。30歳までに自分のお店を持ちたいという夢、両親が居酒屋を営んでいるということ、起業セミナーで得た知識、そして何よりも自分がおいしいものを食べたいという気持ちが後押しして、2009年に開店した。

スープやチャイに惜しげもなく使う牛乳や生クリームは東毛酪農のもの。みずみずしい青草をたっぷりと食べて健康に育つ牛が、おいしさのバックボーンにある。白神こだま酵母と北海道産小麦「道春」でつくるベーグルを使う「フレンチトースト」(750円)のオーダーが入ると、「群酪バター」の香りが店中に広がる。

食事メニューの看板は「スープ」。夜遅く食べてもお腹にやさしく、日

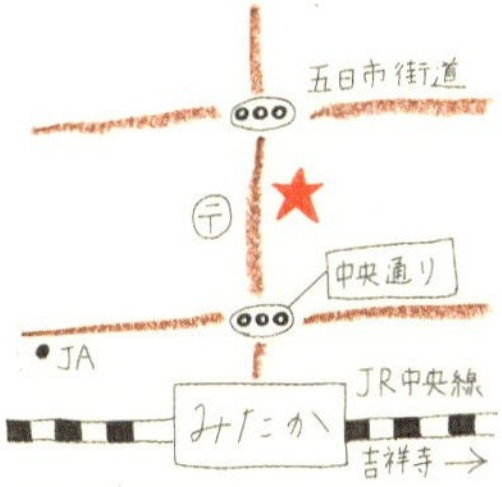

武蔵野市中町 3-4-4
武蔵野ビューハイツF号室
0422-36-4063
JR中央線三鷹駅北口から
徒歩13分
14：00～23：00（LO）
水休

つくりかたを教えてもらいました。

しょうがの砂糖煮

材料
・しょうが・水・砂糖（三温糖 or きび砂糖）（1：1：1の分量）

1. しょうがはスライスして、水、砂糖といっしょに鍋に入れる。
2. 火にかけて半分の量になるまで煮詰めてできあがり。

↓
炭酸で割ると……ジンジャーエール
↓
さらに…ジンジャーティ
材料
・水 100cc・牛乳 100cc・茶葉 2.5 杯・しょうがの砂糖煮

1. 水、茶葉、「しょうがの砂糖煮」のしょうがをゆっくり煮出す。
2. 沸騰してしばらくお茶を煮出してから牛乳を入れる。
3. 砂糖煮の部分をカップに入れておく。
4. 3 に煮出し終えた紅茶を注ぐ。

「夜ごはんセット」950 円は本日のスープ（根菜とおいもごろごろとん汁　牛乳仕立て）、小鉢（こんにゃくの煮物、りゅうきゅうときゅうりの酢の物など）、自家製プレーンベーグル（または土鍋で炊くごはん）、グラスワイン 500 円〜。夜遅めのごはんを想定して、量は軽め。

替わりで用意されている。ごはんは土鍋炊きで、仕事帰りの夜ごはんになるべく炊きたてを食べてもらいたいと、7時をめどに炊き上げる。

のんびり夜カフェだから、午後2時のオープン。駅からは少し歩くが、図書館や文化会館がある武蔵野市のちょうど真ん中、バスが行き交う大通りながら、このゆったり感。さっきまでの忙しさは何だったんだろうと思える不思議。「yomo」で日常逃避しながら、ぼんやり、どっぷりおいしさに浸ろう。

禁煙／カウンター
予約／貸切
パーティー
テイクアウト

お腹がすいたら、農園のドアを開きましょう

Haggy《ハギー》 Farm《ファーム》

三鷹駅のずっと北、五日市街道沿いにある、ファーム!? 大かぼちゃが迎えてくれて、ドアの向こうは稲穂が揺れるのどかな風景につながっていそうな小さなレストラン。

店主・萩原留美さん家族は埼玉県の上里町に畑「ハギーファーム」があり、土日に農家の人となる。無農薬で育てるうるち米、古代米、季節の野菜など、たくさん収穫になるいとしきおいしい食材を、みなさんに食べてもらおうと開店した。

食事メニューは、写真の日替わりメニュー（850円）など黒米入りのもちっとしたごはんがすすむ家庭料理。メインはお魚とお肉があり、生野菜がたっぷり添えられる。両方を食べたい人は、ハーフ&ハーフのリクエストもOKだ。

貸切のパーティー、あたたかいうちに届けられる距離へのケータリングも好評。さまざまなお店で料理をつくってきた萩原さん。三鷹市にあった「雑多楽や」の料理担当だったと聞けば、ピンと来て懐かしいと思う人もいるでしょう。

禁煙／カウンター／予約／貸切
パーティー／テイクアウト
アレルギー対応

武蔵野市緑町 1-5-1
0422-53-0151
JR 中央線三鷹駅北口から徒歩 20 分
12：00 ～ 18：00
土休

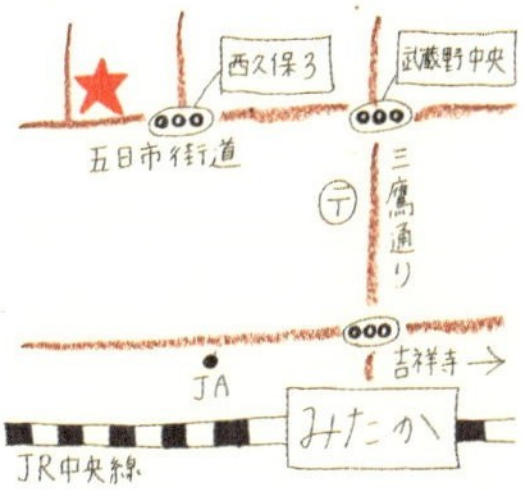

にぎやかな吉祥寺からひと駅 大人のためのレストラン

restaurant SOPRA《ソープラ》

　住宅街を抜けるように走る井の頭線・井の頭公園駅のまん前。眺めのいい2階にある10席のレストラン。窓辺に座ると、このロケーションが気に入って決めたという山田基夫シェフの気持ちがよく分かる。

　地元野菜のクリームスープ アニス風、イサキのローストトマトとケッパーのソースetc…。黒板に書かれた今日のメニューが、どれも気になって悩ましい。時季には、お客さんが獲ってくる鹿や猪のカルパッチョもあるそう。5人以上の場合はおまかせでのオーダーとなるが、ひとりや少人数ならアラカルトから選ぶのが魅力的。

　日本人シェフから学んだ日本人ができるイタリア料理と、イタリア人から学んだイタリア人の気質、この2つが詰まった引き出しから自由に生まれる料理を、ほどよい緊張感がある中、シチリアワインとともに満喫したい。

禁煙／予約／貸切
中学生以下は通常不可、毎月第2水曜日のみ可、完全予約で大人4300円。
詳細は電話を。

おまかせランチコースより。前菜は柿やラフランスも隠れたもりだくさん野菜サラダ、ずわいがにのオムレツなど。パスタは菜の花とベーコン。白のグラスワインをさらさらキュッキュとのみながら。おまかせディナーは3000円〜。

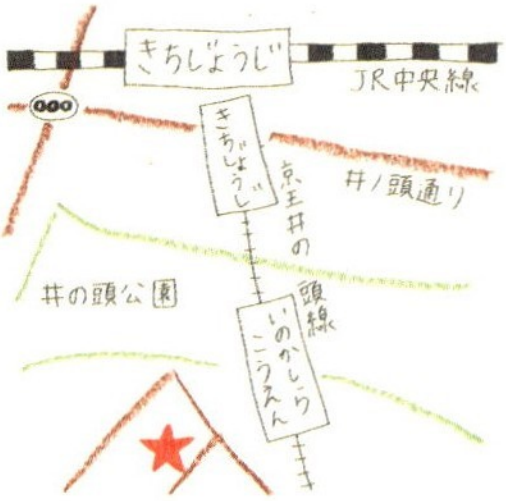

三鷹市井の頭 3-12-13　2F
0422-42-2151
京王井の頭線井の頭公園駅から徒歩1分
12：00〜15：00（14：30LO）
18：00〜22：00（21：00LO）
木、第2・4水休（祝は営業）

happy《ハッピー》 DELI《デリ》
天然酵母パンとヘルシースープ

ひと口頬張ったとたん、「happy DELI」の「D」の中に描かれた笑顔になってしまう。店舗を持つ前にパルコひばりが丘店の催事でデビュー。ここ連雀通りに店を構え、移動販売、パン教室、自然食品店への卸しを展開しながら、国産小麦粉100%天然酵母でつくるシンプルなパンのおいしさを伝えている。

　パンとともにおいしさを届けたい野菜たっぷりのスープは、飲むというよりも食べるスープで、旬の野菜のおいしさが凝縮されている。ベーコンを使用することもあれば、日高昆布と干ししいたけでだしを取ることもある。テイクアウトもできるが、4席のかわいいカフェスペースで好きなパンといっしょにゆっくり食べていくのもいい。

　パン生地には基本的に卵・乳製品・油脂は使わない。砂糖はきび砂糖、黒糖。ドライフルーツはオーガニックのものを使う。酵母は、時間をかけて熟成することでおいしさが生まれるホシノ天然酵母。「香りが好きだし、和の食材とも相性がいいんです」と梶晶子さん。

　野菜は、パンを卸している自然食

つくりかたを教えてもらいました。

スープづくりのワンポイントアドバイス

材料
・玉ネギ
・季節の野菜
・豆
・ベーコンなどお好みで

1. 玉ネギはよーく炒める
2. 水分を少なくする方がいいので、無水鍋や圧力鍋があれば使いましょう

＊おすすめの塩は「海の精」。なんと東京・伊豆大島産。海水100%の伝統海塩でミネラルも豊富
＊安心して使用できるベーコンは、すぐ近くの「マイスタームラカミ」で購入。添加物が少なく味のいいベーコン

料品店「メルカド」（荻窪）「納々屋」（仙川）「グルッペ」（三鷹）などから仕入れ、オーガニックではなくても、ご近所の農家や八百屋さんで旬の味がいいものを使用する。冬ならごぼうや里芋が入るポタージュが登場。ほくほくほっこり、からだがあたたまる。

　パン教室は3ヶ月ごとの募集で、1コース5回。自家製酵母のクラスや単発のレッスンも開催している。

　朝が早く労働時間も長いパン屋の仕事。でも、どんなに忙しくても、梶さんを始めスタッフのみなさんは「健康的な生活のお手伝いをして、ハッピーを届けたい」と今日も腕まくり。少しずついろんな種類が並んだできたてパンを眺めているだけで、なんだか笑顔になってしまう。ひと口頬張る前から！

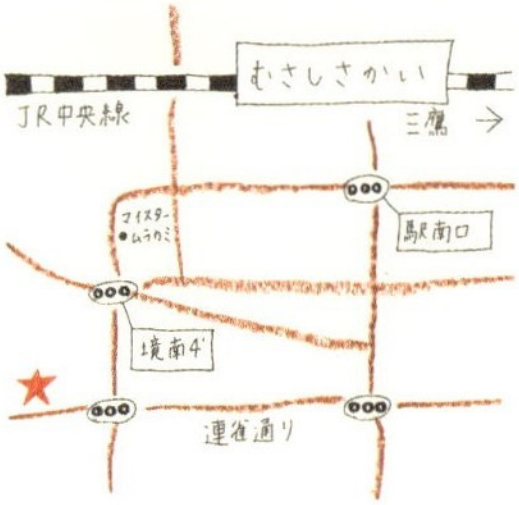

三鷹市井口 5-3-23
0422-30-1981
JR 中央線武蔵境駅南口からバスで「境南町５丁目」下車１分
10：00～18：00
月・火・日休

禁煙／テイクアウト／通販
イートイン／アレルギー対応
天然酵母パン、野菜料理、お菓子、ハーブ、コーヒー、お茶など食と健康に関わる教室開催

天然酵母パン　Sana《サナ》

健やかなるパンと、ぼーっとできるカフェと

三鷹市下連雀 1-9-11
0422-49-5844
JR 中央線三鷹駅南口から徒歩 20 分
10：00 ～ 19：00
月・火休

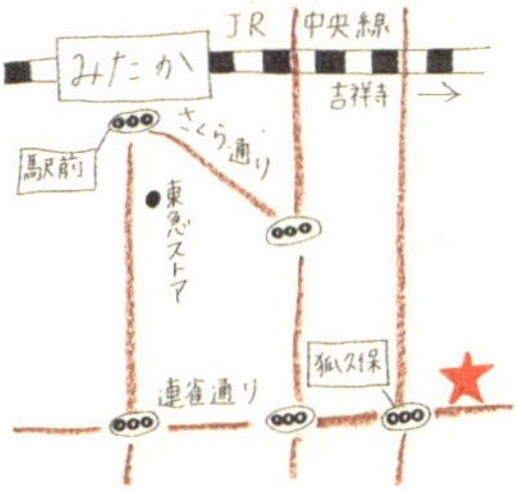

ジブリ美術館で迷子になった後にぜひ立ち寄りたい、おひさまと麦の穂の絵がシンボルのパン屋さん。

焼き上がったパン、季節のケーキ、それからドライフルーツの量り売り、オリーブオイルやメープルシロップなどパンに合う食材が並ぶ。小さい店内に、店主の長浜寛さん・昌子さん夫妻が大好きなおいしいおすすめがぎっしりと詰まっている。

パンを手渡すときに、食べ方を紹介することがあるそう。たとえば珍しい「チャバタ」。「フォークでざくざく割って、メープルシロップとバターをつけるのが最高なんです」。おうちでもできるようにと、メープルシロップもバターも販売しているところが心憎い。

イートインは、妻の昌子さんが「ふらっと昼下がりにひとりで来てもらいたいカフェ」と表現する。軽い食事ならサンドイッチとスープを。ショーケースから選ぶ好みのサンドイッチと、野菜と豆の具だくさん

スープ、ヨーグルトが添えられる。今日選んだ「野菜とクリームチーズのサンド」(350円、スープとセットで730円)。クーペパンと具のトマトとクリームチーズは、ふわっと口どけがいい。赤ちゃんでも食べられるようにと、スープの味付けは控えめに仕上げられている。

好きなパンと具材を選んでリクエストもできる。ブルーベリーのベーグルにハムチーズなど、えっ？と聞き返すような意外な組み合わせもあって、接客をしながら新しい発見をしているそう。

店名はスペイン語で「健康な」という意味。天然酵母はホシノとフランス産のサフルヴァンを使い分け、国産小麦粉、ゲランドの塩、喜界島のザラメ糖が基本となる材料だ。乳製品は一部、卵はケーキのみに使用している。

禁煙／Sanaのパンに出合えるお店
「base cafe」（本書P6）
「麦わらぼうし」
（ジブリ美術館のカフェ）

「本日の〝C〟定食」600円は、野菜たっぷり豚肉焼き、さつま芋レーズン、八穀米入りごはん、ぬか漬け、ふのり入り味噌汁。食後に「三鷹ロール」200円＆コーヒー（セット価格100円）。

みたかのカフェ食堂　C-Café

もっと地元の野菜を！ ゆっくり進化するみんなの食堂

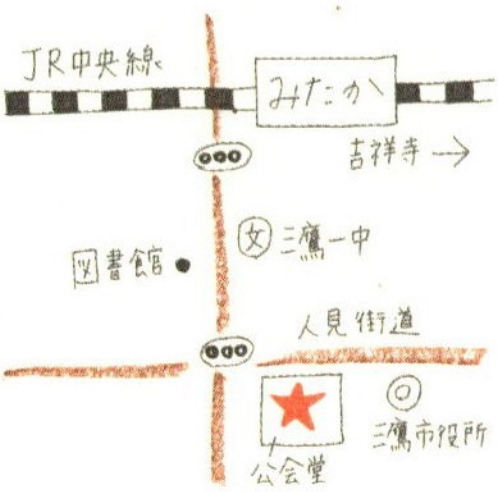

三鷹市野崎1-1-1　三鷹市公会堂別館2F
0422-45-1230
JR中央線三鷹駅南口からバスで「三鷹市役所」下車すぐ
10：30～17：00
(ランチタイム11：30～15：00)
土・日・祝休

市立図書館近く、市役所と公会堂に隣接する広いカフェ食堂。1年前はこんなにも地場産野菜を使ってはいなかったが、吉田農園や金子さんのオーガニック農園とのつながりが生まれ、一気に地産地消の輪が広がった。代表の川上ちゆきさんは、空きスペースになっていたこの場所をコミュニティーカフェにする企画に参加し、盛り上げてきた立役者だ。ボランティアによる手づくりの店内、作業所のメンバーがつくった食器、資金のない中絞った知恵が、でこぼこきらりと光っている。

厨房では若い菊地シェフが腕を振るい、リーズナブルで満足できる市民のための食堂として奮闘している。昼時は混み合うが、14時を過ぎるとすっと引けて、食後にゆっくり読書もできる。

禁煙／カウンター、小上がり／予約
貸切／パーティー／テイクアウト
アレルギー対応

インド富士

スパイスをサッカーのポジションで解説できる、カレー職人の店

吉祥寺の「まめ蔵」でバイトしていた学生時代、カレーに魅せられたという店主の小城《こじょう》正樹さん。「カレーに関してはスペシャリストになろう」と決心し、飲食業界に就職した後、タイ、インドなどカレー大国へ飛んだ。職場で知り合った友人の故郷、南インドで料理教室に通うことになるという運命、カレーを真面目一直線に追いかけた青春時代のストーリーが、「インド富士」を築き上げた。

地元で何か楽しいことができたらいいなと考え、実家のある小金井市に開店。地元の野菜や果物を当たり前に使い、季節の野菜を見ながら、カレーにするならどんな感じがいいかなとイメージを膨らませて厨房に立つ。お米はパキスタン産「バスマティ」と日本の白米のブレンド。写真は「インド富士セットスペシャル」（1200円）で、ごはんのほどよいパラパラ具合がインド富士のカレーとどんぴしゃりの相性だ。

夜は、「砂肝のスパイス炒め」「インドオムレツ」などを肴にのんで食べて、仕上げにはのんだ人だけオーダーできる「おつまみカレー」で〆。これが正しいインド富士流。

禁煙／カウンター／予約／貸切パーティー

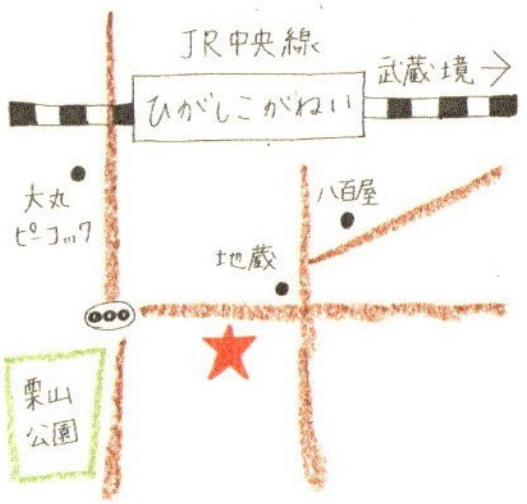

小金井市東町 4-37-15
080-3349-1979（営業時間内のみ）
JR 中央線東小金井駅南口から徒歩５分
11：30 ～ 14：00、18：00 ～ 22：00
水休（臨時休業あり）

broom & bloom《ブルーム　アンド　ブルーム》
小金井産の野菜と果物のおいしさを伝えるカフェ

「気まぐれごはん」1200円。鶏肉と大蔵大根のマスタード煮、カリフラワー入りおいものサラダ、ブロッコリーのグリル、ごはんと味噌汁。お茶はウーロン茎茶。

「小金井の野菜や果物を使って、手づくりのごはんやお菓子をつくろうよ」。代表のヤシマミカさんが、このまちに引っ越して来て初めて無人販売所で買ったブロッコリーが印象深く、こういう地元のいいものを広めたいな、と思ったことがきっかけで生まれたお店。

朝9時過ぎ。「東京むさし農業協同組合小金井経済センター」の直売所に、野菜を選ぶ店長・藤原奈緒さんの姿がある。並んだ野菜の表情を見つめて、頭の中でメニューを想像しながら、どんどんカゴに入れていく。「パッと見ておいしそうでエネルギーがあふれているものを選びます」。ブロッコリー、オレンジのカリフラワー、小金井市が力を入れる「江戸東京野菜」の亀戸大根、金町こかぶ、伝統小松菜など。藤原さんは農家や農協のみなさんとすっかり顔馴染みで、珍しい野菜の食べ方を聞いたり、逆にルッコラをたくさん買ったときなど「何に使うの？」と聞かれたり。主宰する料理教室でも、生徒さんがここに来て野菜を選ぶところから体験するくらい、新鮮な野菜との出合いを大切に考えている。

市内では年間150種類以上もの野菜や果物が生産されているそうで、グレープフルーツやパッションフルーツまであって、びっくり。疲れていても朝直売所に来ると元気になれるという藤原さん。「野菜と農家の方から元気をもらっています」。

開店は11時半。野菜をたっぷり味わう食事なら迷わず「気まぐれごはん」を。運ばれてくるとたちまち野

小房に分けて蒸してつぶして、じゃがいもと混ぜてサラダに。

東京むさし農業協同組合小金井経済センター（直売所）でカリフラワーを選ぶ藤原さん。直売所の営業時間は、月～土 9：00 ～ 16：00、日祝休。月末は 12：00 まで。

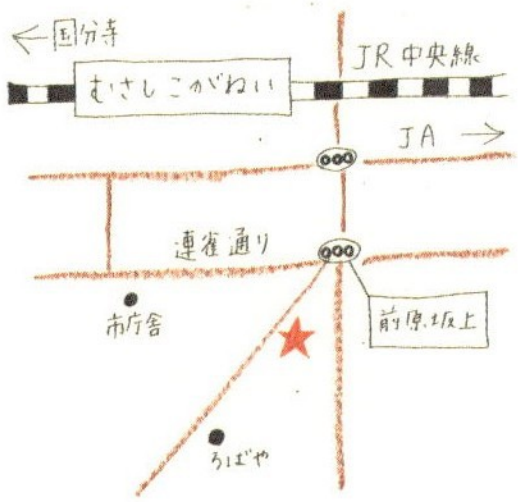

小金井市前原町 3-40-20-106
042-384-0883
JR 中央線武蔵小金井駅南口から徒歩 5 分
水木日　11：30 ～ 21：00（20：00LO）
金　11：30 ～ 18：00（17：00LO）
土　15：00 ～ 21：00（20：00LO）
月・火休

つくりかたを教えてもらいました。

オレンジのカリフラワー入りおいものサラダ

材料
・じゃがいも　・カリフラワー
・自然塩　・バターまたはオリーブオイル
（あればコリアンダーやレモン汁）

1. じゃがいもを洗い、皮のまま蒸す。
2. 熱いうちに皮をむいてつぶす。
3. 自然塩とバター or オリーブオイルを少々加える。
4. カリフラワーを小房に分けて蒸す。
5. じゃがいもの中にカリフラワーを入れて混ぜる。
6. 仕上げに味を整える。塩を加えたり、味を「ぴっ」と引きしめるためにコリアンダーを振ったり。レモン汁を入れてもいい。

（アレンジ：耐熱皿に入れて、シュレッドチーズをのせてオーブンで焼いたり、コロッケにしてもおいしい）

菜の青い、甘い、ジューシーな香りに包まれる。味噌汁は、野菜のだしと相性のいい、いりこのだし。ケータリングもしているので、冷めてもおいしいのがうれしいし、素朴な風味が野菜に合う。

オレンジのカリフラワーは、味噌汁とポテトサラダに使用。「同じ野菜でも日によって味が違うので、生のまま味を確認してから、その素材の味が引き立つような調理方法を決めています」。心を込めてひょいと後押しして誕生した野菜が主役の、今日の「気まぐれごはん」。毎日、毎日、一番おいしい。

禁煙・分煙／カウンター／予約
貸切／パーティー／テイクアウト
料理教室開催

珈琲屋台　出茶屋《でぢゃや》

火鉢にあたりながら じわっとあたたまるコーヒー

豆は武蔵野市の「香七絵」から。定番の「出茶屋ブレンド」300円、ことり焼菓子店の「キャラメル味のビスコッティ」120円。

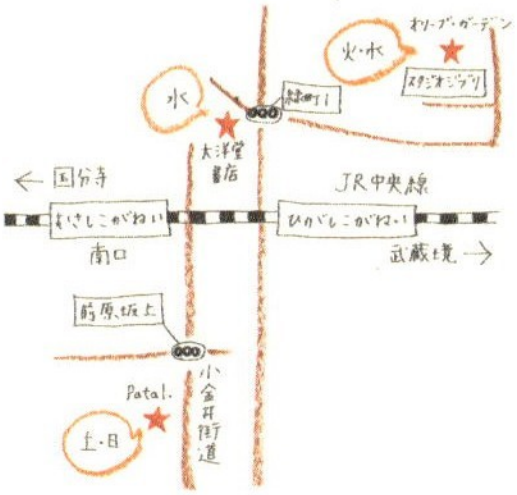

土・日　Flowers&Plants Petal.
　　　　小金井市前原町 3-40-20
火・木　オリーブ・ガーデン
　　　　梶野町 1-3-22
水　　　大洋堂書店　緑町 1-1-23

小金井市内をめぐる屋台の珈琲屋さん。扉はないけれど、かわいい赤いテントが見えていい香りに気づいたら、そこが出茶屋の入口だ。

外を歩くことと、喫茶店が好きな鶴巻麻由子さんが店主。「外でおいしいコーヒーを飲めたらいいな」とぼんやり描いていた。神保町の喫茶店で働きながら、商店街のお祭りに出ることからスタート。

屋台に似合わない電気やガスではなく火鉢を積む。六地蔵の湧水「黄金の水」を汲んで、鉄瓶に入れて、くぬぎの炭を燃やして沸かす。ハンドミルで豆を挽き、ゆっくりドリップする。

夕暮れ時からは炭の赤がポッときれいになる。火鉢の周りには一度座ると動きたくなくなる魔力があって、3杯目をおかわりする珈琲酔っぱらいも。

テイクアウト
お祭りやイベント、「はけのおいしい朝市」に出店

おいしくて手軽、シンプルで安全。だからこそ奥深いおむすび

おむすび研究所　Wa Gaya《わがや》

おにぎり、お惣菜は150円～。「とりナンコツつくね」、だしが効いた甘くない「卵焼き」「豚汁」など日替わり。チラ写りの藍染め帆布の「前掛け」も扱っている。

黒板に、おむすび1個は米何粒？の実験結果が発表されている。おお、さすが「おむすび研究所」。

くじら山のある武蔵野公園近く、漢方薬局として使われていたおむすびのような建物にひと目惚れして、この場所で開店した。厨房は元調剤室だったと見て取れて、研究室の雰囲気満点だ。高い天井の梁からぶら下がる裸電球を始め、レトロでおちゃめなものがあり、すべてが弥生時代からの歴史あるおむすびの魅力と重なる。

土鍋で一升ずつ炊き、にぎる。ごはんの状態や何もかもがベストで、リズムに乗ってできると「すごーく気持ちいいんです」。これまでに約6万個をにぎった店主の伊藤あやさんは、まさにおむすび職人だ。お米同様気合いを入れて選ぶ塩は、ごはんの甘みを引き立てるおいしさの決め手で、粒子の大きさと結晶の形が重要だそう。

禁煙／予約／テイクアウト
イートイン
3～6歳のちびっこクッキング教室開催
「はけのおいしい朝市」に出店

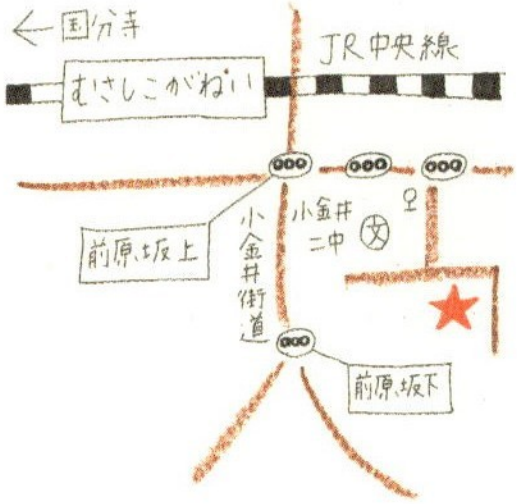

小金井市中町 1-7-29
042-384-5229
JR 中央線武蔵小金井駅南口から
徒歩 15 分
8：00 ～ 14：00
火休

ご近所マルシェ column1

市場のあるまちで育ったので、子どものころから日々の買い物は市場へ通っていた。アーケードの中はお祭りの縁日のようで、きょろきょろと見物をしているだけで楽しかった。

ちりめんじゃこ屋のおばさんが「ほーら」と、じゃこ数匹をてのひらに乗せてくれて、味見。卵屋さんが袋にちょっと多めにもみ殻を入れて持たせてくれたり。買い物カゴをさげて、包みは油紙や新聞紙。ビニール袋なんてまったく登場しなかったなあ。

そういう生い立ちがあってか「市」と名のつくものに、惹かれる。朝市、夜市、赤札市、それから旅先の有名無名さまざまな市や、まだまだ元気なまちの市場。つまりは、おいしいものがひとつところにずらりと並んでいるという風景に、お恥ずかしいくらいに血が騒ぐのだ。

近ごろ、カフェや広場や軒先に小さな市、「マルシェ」が立つ。パンやケーキ、おにぎりやお惣菜、布製品やアクセサリーなどが並ぶ。お店は構えていないけれど、おいしいものをつくる人たちがひとつところに大集合する製造者直売のマルシェだ。

武蔵野市、吉祥寺の西はずれ。五日市街道と扶桑通りが交差する信号近く、猫の絵が目印のカフェ「長男堂」で開催されるのは、その名も「猫屋横丁」。第３日曜日の 11：30 から始まる。この日だけは「横丁」と化すカフェ「長男堂」は朝から大賑わいになる。「長男堂」自慢のおにぎり･お惣菜･お弁当や、「ことり焼菓子店」（本書Ｐ8）のお菓子、「香七絵」（本書Ｐ9）の珈琲豆、「hidamari」の天然酵母パンなどなど。ちょうどお昼前、目指すはお昼ごはんとデザート。開店少し前から並んでいる人とおしゃべりをしつつ、のれんが上がるのを待つ。お弁当を買って、ピクニック気分でいただく。

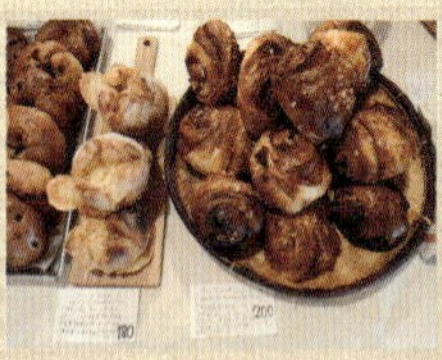

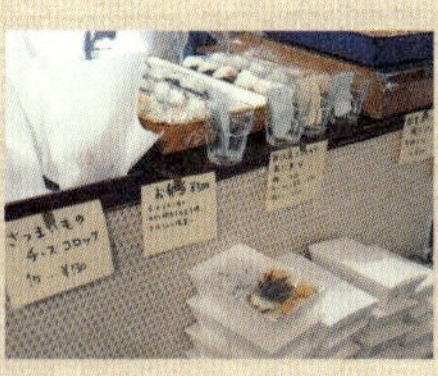

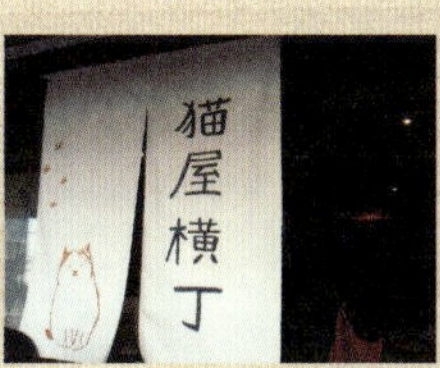

同じく第３日曜日、こちらは 11：00 から。国立駅南口徒歩３分、旭通りにある間口の広い居酒屋「ニチニチ」（本書 P37）では「ニチニチの日曜市」がオープン。「エバジャム」の季節のジャム、「トサカンムリフーズ」のカレーパン、「TAIYODO」のクラッカー、「ひなたパン」の食パン、古本屋の「泡山」からは食べもの系の本がセレクトされていて、楽し！　到着したのが 13：00 を過ぎていたので、売り切れているお店もあって、朝一番はすごい人出だったことを聞く。

月に１度、年に１度など、季節ごとのお楽しみ。時々開かれる、時々しか出合えない買えない、だから待ち遠しくて。スケジュール帳の日曜日欄、「○○市△△時～」の書き込みがますます増えそう。

買い物袋を持って、おいしいものをつくっている人に会いに行こう。

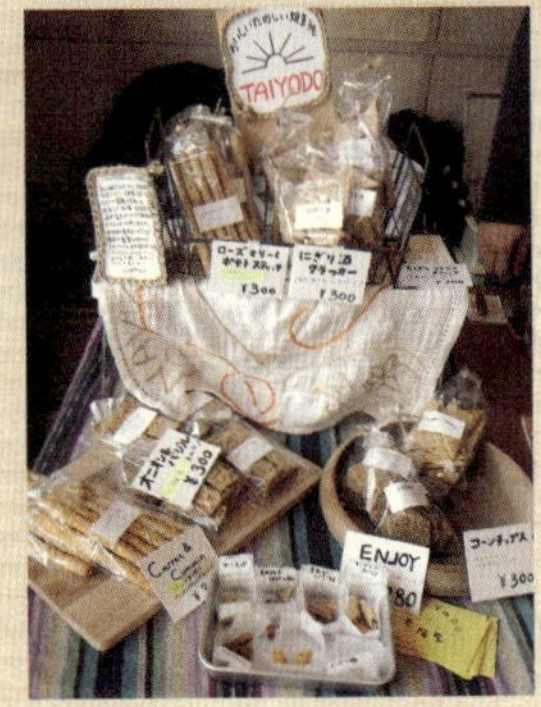

ニチニチ日曜市
毎月第３日曜
11：00 ～ 15：30
ニチニチ（本書 P37 参照）
＊市のお問い合わせはご遠慮ください

「マルシェ」いろいろ

お早よう市
武蔵野市吉祥寺南町 3-32-2
クイーンズホテルアンティークス
0422-42-8879
偶数月第２土日

友引縁市
和のいえ 櫻井（西東京市）080-3179-5614
友引にあたる土日祝のいずれか

はけのおいしい朝市
はけの道周辺（小金井市）はけのおいしい朝市組合
042-384-5229（本書 P23　Wa Gaya 内）
第１日曜

くろねこ軒
ショーケースのないケーキ屋さん

絵本のページに描かれていそうな玄関、ドアノブの上にある狐の鼻をつまんで鳴らす呼び鈴が、くろねこ軒の世界への入口だ。パティシエール・池谷信乃さんのお菓子づくりの部屋は、アンティーク家具や食器がたくさん並ぶしっとり静かな空間。ここでオーダーメイドのお菓子をつくったり、教室やカフェが開かれている。あれ？　ケーキ屋さんに必ずあるものがない…。

「ショーケースのないケーキ屋さんにしたかったんです」。並んだ中から選ぶのではなく、こんなお菓子を食べたいという思いをかたちにして、できたてを食べてもらいたい、という願いのもと生まれたオーダーメイドスタイル。「ちょっと面倒ですが、できあがりを待つ時間も楽しんでもらえたら」。何人で食べますか？（ひとり分でも大丈夫）好きな素材は？　どうやって持ち帰りますか？　電話でもオーダーできるが、まずはホームページでの確認がおすすめ。

国産小麦粉は、北海道江別製粉の「ドルチェ」を使用。フランス菓子も日本の粉で十分につくれると語る池谷さん。「粉の味がしっかりと出るし、日本でできたものでつくりたいという思いがあります」。主に洗双糖を使用するが、用途に合わせてグラニュー糖も。なるべく膨張剤は使用しないが、これも使った方がいいなと思うときは使用する。近くの清水農園で採れる旬の果物、さくらんぼやルバーブ、ブルーベリーやラズベリーは収穫時季が楽しみ。

禁煙／予約／通販
月1度マルシェ＆カフェ開催
毎月第3週目お菓子教室開催

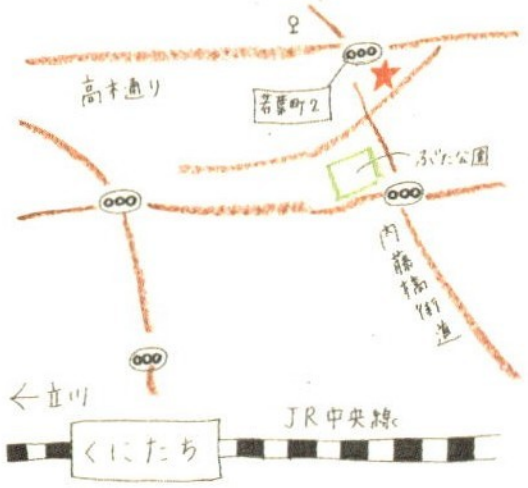

国分寺市新町 3-26-28
042-301-3338
JR 中央線国立駅北口からバスで
「変電所前」下車２分

ラヂオキッチン

ポトフとワインと堀田さんのすっぴん笑顔

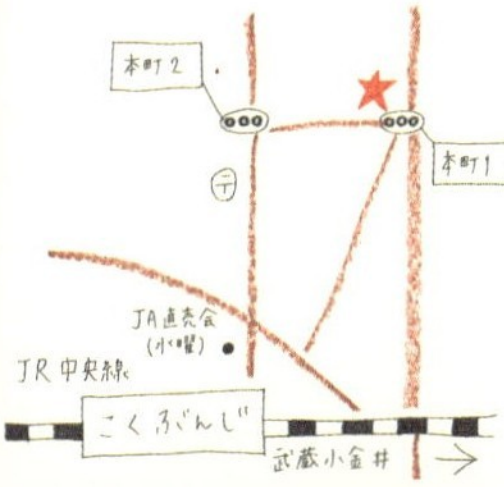

国分寺市本町 2-17-2
042-325-9907
JR 中央線国分寺駅北口から
徒歩５分
18：00～24：00（23：30LO）
月休

午後7時のカウンター。仕事帰りの人がワインを傾け、大学生がカレーをオーダーし、隅っこの常連風男性は「鶏肉とカリフラワーの蒸し焼き　りんご風味」を食べながらすでに3杯目のウイスキーを味わっていた。「一体何の店？　ってよく聞かれるんです」と、店主の堀田きよみさん。お酒があって、お料理いろいろ、でもチャージはなくカレーだけでもOK。「のんで食べてゆっくりしてもらいたいお店です」。カテゴリーは〝堀田ワールド〟ということで、のんで食べていけばよしっ。

料理は「ラヂキチカレー」（650円～）を始め、得意な煮込み料理などの定番と、黒板に書かれたおすすめは要チェック。堀田さんの実家がある長野県上田市から届くお母さんが育てる野菜や、国分寺駅北口広場での市内産野菜の直売で出合う新鮮で力強い野菜をふんだんに使っていて、忙しい日々で忘れてしまいそう

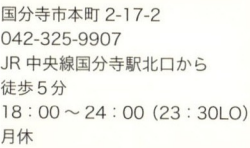

「塩ぶたのポトフ」700円に、ご近所のパン屋さん「キィニョン」の「バケット」150円とマスタードを添えて。

な季節感がちゃんとある。「立派な野菜を見るとわくわくするんです」。
その気持ちは料理づくりの力になり、新しいアイディアもわく。「生産者の方々とつながりを築いて農産物の加工品をつくったり、地域に根を下ろして何かを発信できたらいいな」。それは、遠い日の話ではなさそう。

カウンター／予約／貸切／パーティー

北海道十勝産の強力粉でつくる、マフィンでもパンケーキでもない不思議な生地は花びら型。ふわっとやさしいクリームと紅玉りんごソテーがサンドされた「クルミドケーキクリームりんご」520円。季節の果物を使う。春はいちご？　軽い食事メニューもある。

クルミドコーヒー

森につながる物語のあるカフェ

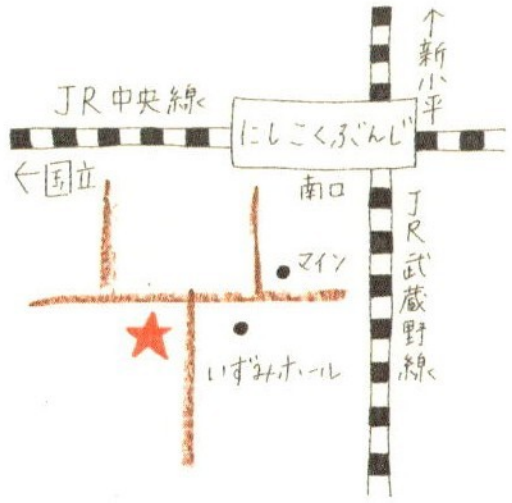

国分寺市泉町 3-37-34
マージュ西国分寺 1F
042-401-0321
JR 中央線西国分寺駅から徒歩 1 分
10：30 〜 22：30（22：00LO）
木休

「未来に向かってのびる大きな樹の根元にある穴」をイメージした木づくりのカフェ。物語は、西国分寺駅と誕生年が同じオーナー・影山知明さんの子ども時代にさかのぼる。「ここは森だったんです」。森の風景を知る世代が子どもたちにできることはなんだろう、と考えた。

　木の実を拾って遊んだ影山さんは、クルミに想いをたくす。クルミは「来る未来」。店名に、無垢の木のテーブルの上に、ケーキのお皿の上に、その想いが散りばめられている。

　雑味のない穏やかな水出し珈琲、生活クラブ生協「デポー国分寺」の卵やはちみつ、「南部」の天然酵母パンなど、子どもが安心して食べられるものが素材。

　夜は自分で豆を挽いてドリップすることもできる。ガリガリと、リスになるひとときを。

禁煙／すべてのメニューに「小さなキミのための小さなサイズ」あり

朝の珈琲（10時半〜12時半）はおかわり可

ゆるやかに、サラダとワインとリヨン料理

Ciel《シエル》 de《ドゥ》 Lyon《リヨン》

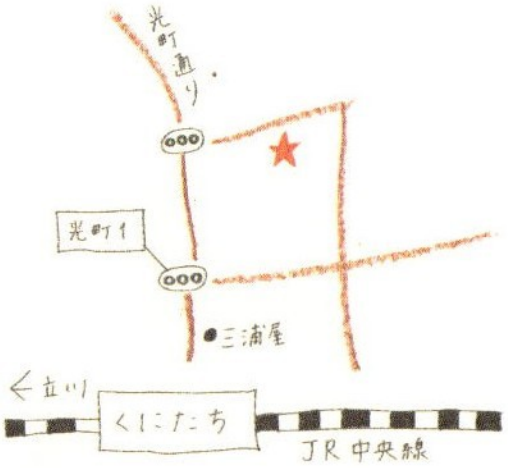

国分寺市光町 1-39-21
マーキュリーマンション 1F
042-580-1026
JR 中央線国立駅北口から徒歩３分
11：30～15：00（14：00LO）
17：30～22：00（21：00LO）
日・月休

「TOKYO-X」が主役の「地豚バラ肉のロースト　レンズ豆添え」2400円。他に「地豚のリエット」1100円など、シェアしながらビオワインの赤とともに。

最寄りが国立駅というと誰でも高級なイメージを持ってしまうかもしれないが、ここは気さくなブッション。Bouchonと綴る、村上理志シェフが修業時代に2年間を過ごした町リヨンの、普段着で行けるビストロの総称だ。

自分の店を開くとき、できる限り地元のものを使ったブッションにすると決めた。ディナーにメインとなる地豚「TOKYO-X」は、国分寺でも育つ、この上なくふさわしい食材。

サラダに使うルッコラ、からし菜、サラダほうれん草は、西町の神山《こうやま》さんの畑から。通勤途中に立ち寄り、露地のたくましい葉質と味の濃さが生き生きとしたサラダをつくる。ふわっと山盛りサラダ添えのワンプレートランチ（１０００円）では、村上さんのお母さんがサラダ担当で、注文ごとに自家製ハーブオイル、塩、コショウを馴染ませてビネガーで仕上げている。

禁煙／予約（夜）／貸切／パーティー

Café 玄《げん》

健康的なカフェごはんで、まったりのんびり

ちょっと遅いお昼ごはんに注文した、写真の「お魚のパスタ」(900円)。お魚と言えどもいつも野菜がたっぷりで、今日は大根がたくさんと国産のオイルサーデンがのっかって。透明なみずみずしい大根の質のいい栄養が、お腹にからだに染み渡る感じ。

カフェ開店までのいきさつを「たまたま偶然が重なったんです」と、店主の二上さん。近くの陶芸教室「けんぼう窯」へ通い始めたこと、通りがかった「珈琲夢職人」でコーヒーのおいしさを知り「ゼルコバ」を教えてもらったこと。出合いがつながって輪になってお店ができあがった。

駅近くの自然食品店「あひるの家」で買う野菜、送ってもらっている兵庫県産の無農薬玄米や黒豆、生活クラブ生協の食材など、どれも二上さんが家で食べていたもので、国産であることを大切にしている。パスタは何が何でも1・4センチにしたくて、あちこち探しまわってやっと見つけた。

禁煙

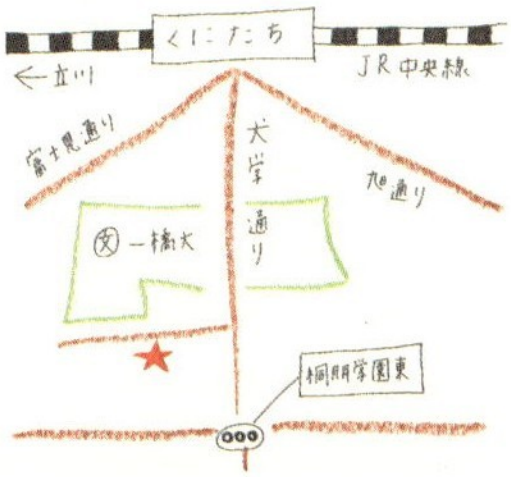

国立市中 2-19-107
042-574-8071
JR 中央線国立駅南口から徒歩 10 分
12：00 ～ 19：00
火・金休

たいやきや　ゆい

食べる人も焼く人もうれしくなる「めでたい」甘味

バッタンバッタンと1匹ずつ焼き上げる「一丁焼き」屋台のたいやき屋さん。国立界隈の6つのお店を曜日ごとにめぐって開店している。

まずは屋台にかぶりついて、由井尚貴さんの手元をしばし眺める。重い鋳物のたいやき型をパカッと開いて頬に近づけて、温度確認。温度よしならば、なたね油を塗って、群馬県産と岩手県産の小麦粉をブレンドしてつくる、卵・乳製品不使用の種を少し流し込む。その上に、北海道産の自然栽培の小豆とてんさい糖・ビートグラニュー糖で煮たつぶ餡をたっぷり置く。餡の上に再び種を流し、鋳物を閉じて火の上へ。

そして、冒頭の音。リズミカルに返しながら焼き上げを見極める。夕

イミングは、職人の勘としか言いようがなく、今だそれっ、とつり上げるように網に上げる。

料理の仕事をしていきたいと考えていたとき、「たいやき」が閃いた。一丁焼きに憧れて、三鷹の「たかね」や麻布の「浪花屋」で観察して、家のコンロで練習を重ねた。

頭から？　しっぽから？　焼きたてあっつあつのたいやきにかぶりつく。小麦粉の風味が活きた少しプクッと膨れた塩が効かせてある皮、豆の香りと甘さが広がるとろんとしたつぶ餡。もう一丁！

予約

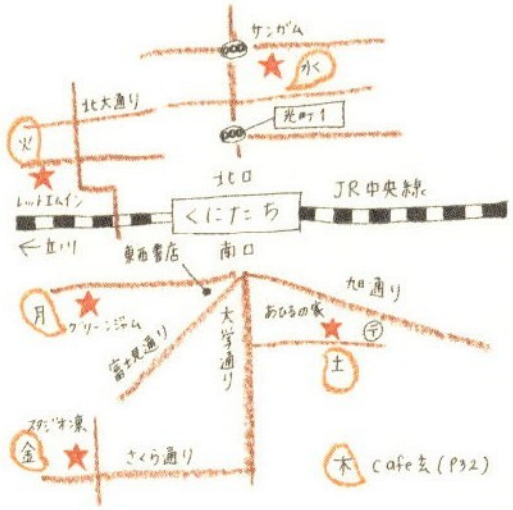

080-5512-8999
11：00～売り切れまで
天候により休みあり

月　グリーンジャム　中1-8-33
火　古道具・レットエムイン
　　北2-13-48
水　本格カレー＆ナン・サンガム
　　国分寺市光町1-39-19
木　Cafe　玄　本書P32参照
金　スタジオ凛　富士見台3-4-1
土　あひるの家　東1-15-44
　　（第1土休、翌日曜開店）

木乃久兵衛《きのきゅうべえ》

「とれたの」の地場野菜と東村山の地酒と

「利き酒セット」892円は、タイプの違う3種を小さいグラスで。今日は「獺祭《だっさい》」(純米大吟醸／山口)、東村山市にある豊島酒造の「屋守《おくのかみ》」(純米中汲み)、「初孫」(純米／山形)。

国立市西2-11-32　B1F
042-577-5971
JR中央線国立駅南口から徒歩15分
18：00～24：00（23：00LO）
日・月休

富士見通りを西へ向かって、てくてく15分。「無添加ワインと純米酒」を看板に掲げている居酒屋がある。

訪ねた日はちょうど「沖縄フェア」を開催中。いつものメニューにプラスして沖縄料理と泡盛が盛りだくさんとなり、BGMも沖縄民謡になる。ならば今宵はゴーヤチャンプルー！となるが、実はこれ、いつものメニューにもある人気者。国分寺市の星野豆腐店から仕入れる豆腐の深い甘さ、ゴーヤのほろ苦さ、炒め上げるタイミング、隠し味のオイスターソースが効いている。

国立産野菜を販売する「とれたの」が開店してからは、よく利用するようになったそう。夏は万願寺とうがらしやアンデスのじゃがいも、ハーブは香菜もあり、多品目・新鮮・安価が魅力。

珍しい沖縄料理が意外に日本酒と相性がいいことが分かって、利き酒で気に入った一杯をおかわり。くねくねの帰り道にならぬよう。

禁煙／カウンター／予約／貸切パーティー

ふらっと毎日通いたいみんなの居酒屋

ニチニチ

夜が更けゆくと、裸電球の灯りと陽気なざわめきが扉のたて格子からもれてくる。ぶち抜いた天井にぶらさがるひょうたんスピーカーからその日流れていたのは、忌野清志郎。ざわめきの中、流れる時間は南国にいるかのようにまったりとゆるい。

「安くて、おいしくて、いつもにぎわっている店にしたかった」と店主の星野さん。トマト丸ごと1個出て来る「トマトのピクルス」は400円、シャキシャキの「青菜炒め」は500円。うれしくなって何品も注文してしまうほどリーズナブル。野菜を使ったメニューも多く、近所の八百屋さんで露地野菜を仕入れるほか、土曜日の朝開催している地元農家の即売会で調達することもある。ごはんを食べながらお酒を飲んでほしいからと、食事に合う泡盛や焼酎が充実。泡盛で漬けた梅樹「島梅酒」、白ワインに黄桃を漬けたスパイシーな「黄桃ワイン」(各600円)は自家製。

カウンター/予約/貸切/パーティー

国立市東 1-6-1　星野ビル 1F
042-575-8222
JR 中央線国立駅南口から徒歩３分
17：00～24：00（23：00LO）
月休

桃栗柿カフェ

2度目からは「ただいま」と訪ねてしまう

開業を応援する立川市のチャレンジショップに参加して、柴崎町の仮店舗で1年弱営業していた、玄米ごはんのおいしいカフェ。晴れて立川高校の先の先へお引っ越しして、落ち着いた和風カフェになった。

お母さんの矢部美和さん、恭子さん、邦子さんの仲良し母娘がそれぞれの得意分野を生かし、力を合わせて営んでいる。

料理担当は美和さん。旅館の厨房を切り盛りしていたこともあって、手際が良い、彩りがきれい、そして幅広く何でもつくれちゃうすごいお母さん。白砂糖・卵・乳製品を使わないおやつは恭子さん、接客は邦子さんが担当する。ベースには家族の健康のため美和さんがつくってきた食事があって、「自分たちがおいしいと思う、食べたいものばかりです」。

砂川の宮野さんが採れたての野菜を月曜と金曜に届けてくれる。無農薬・無化学肥料で育つたくましい野

立川市錦町 2-12-21
オリオン立川 101
042-526-7363
JR 立川駅南口から徒歩 10 分、多摩モノレール立川南駅から徒歩８分
12：00 ～ 15：00（14：30LO）
18：00 ～ 21：00（20：30LO）
木（夜は水・日）休

菜たちが、美和さんの手で野菜のおいしさを引き出す料理に仕上がる。しゃきしゃきとしたサラダのドレッシングがおいしくて、何でできているか聞いてみた。はちみつ、オーガニックのマスタード、ワインビネガー、千鳥酢、塩、コショウ、ニンニクが材料だと種明かし。

立川駅周辺がまだギラギラ昼のようでも、錦町の夜は静か。少しだけ歩いていらっしゃい。「乙女膳」（1380円）や日替わりのおかず（400円〜）やお酒も充実。オーガニックビールや千葉県にある寺田酒造の「五人娘」のほか、カボスとスダチの白ワインのソーダ割りなど、季節の野菜や果物でつくるカクテルもおすすめ。仕事の疲れをぬぐってくれるおいしい食事とお酒が、明日の元気をくれる。

禁煙／カウンター・お座敷／予約
貸切／パーティー／個室
テイクアウト／アレルギー対応

つくりかたを教えてもらいました。

豆腐ハンバーグ

材料
・木綿豆腐
・玉ネギ

1. 木綿豆腐に重しを置いて水切りする。
（急ぐ場合は茹でて水切りしてもよい）
2. みじん切りした玉ネギを水気がなくなるまで炒めて、塩コショウで味を整える。
3. 水切りした豆腐と炒めた玉ネギを合わせて、好きな形をつくり、フライパンで焼く。

「栗プレート」1050円。ぷちぷちもっちり玄米ごはん＋ねっとり里芋、しゃきしゃきサラダなど日替わりおかず4品＋味噌汁＋おやつ（下の写真は「てんさい糖あんのあんみつ」）＋有機ほうじ茶。

自家焙煎珈琲豆屋　珈琲夢職人

多摩の下町・羽衣町で毎朝焼き上げる珈琲豆

「朝からパンといっしょに、普通においしいコーヒーをたくさん飲んでもらいたい」。暮らしに本物の味をと願う、活気ある珈琲豆屋さん。ほのぼのとした羽衣町から、いい香りを放っている。

迎えてくれるのは、中学生のころにお父さんと行った喫茶店で出合ってから、ずうっとコーヒー好きの小松俊彦さん・妻の由紀子さん。そして、いかにも丈夫で働きものな風情の大きな直火式焙煎機。すぐ手の届きそうなところにあって、店全体が工房のよう。

毎早朝に焼き上げる豆が、ピカピカで曇りのない瓶に入ってずらりと並ぶ。その3分の1ほどがオリジナルのブレンド。「ストレートコーヒーをいくつか合わせてつくるブレンドは、お店の作品です」。夢、職人、羽衣など覚えやすいネーミングで、その種類は開店して15年、だんだん増えているそう。選ぶのに迷ってしまうが、まずは「季節のブレンド」（473円〜）を。寒い季節はコクのあるまったりな味、暑い季節はすっきりとした味わいになる。

通販
自転車で行ける範囲に配達可

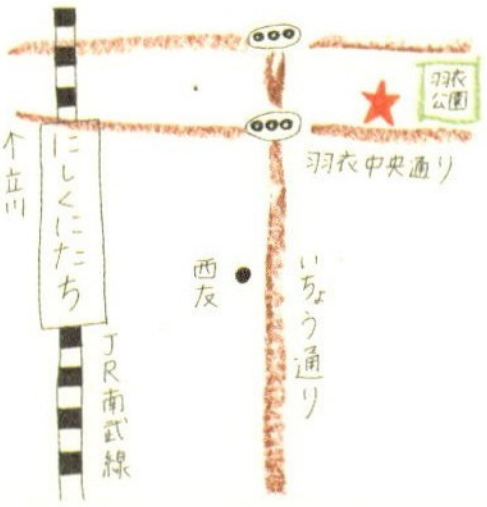

立川市羽衣町 2-27-12
042-524-5699
JR 南武線西国立駅から徒歩５分
10：00 〜 20：00
火、第３月休

天然魚、日本酒、100%無添加ラーメン

Ozy's《オヂィズ》 Dining《ダイニング》 魚魚《トト》／昼　魚魚《トト》☆Rarmen《ラーメン》

「本日の旬彩サラダ」1200円、ハーフは800円。聖蹟桜ヶ丘にある「ナチュラル・ハーモニー」の肥料も農薬も使わない、自然栽培の野菜と有機野菜を使用。

かかしに迎えられて入ると、店内は木づくり手づくりの素朴な食堂風。ランチに「完全無添加ラーメン」があると聞けば、ラーメン通ならピンとくるかも。化学調味料を使用しない「無化調」は当たり前、有機小麦、天然塩、天然かん水を使用した麺と、旬の天然魚介と丸鶏を使用したスープからなる、健康的な「すーぷ麺」が味わえる。が、実はラーメン店ではない。その正体は、全国各地津々浦々の漁港から直送されてくる天然魚と、自然栽培で育つ野菜が主役の居酒屋なのだ。

「おいしいものを求めたら安全なものにいきついただけなんですよ」と店主・高橋慎《まこと》さん。調味料もコショウにいたるまでオーガニックを選ぶ妥協知らず。

とは言え、お刺身、モツ煮込み、ぬか漬けなどの馴染みメニューが勢揃い。日本酒の品揃えも充実で、高橋さんのふるさと新潟県十日町市から届く「天神囃子」がおすすめ。

カウンター／予約／貸切／パーティー個室／テイクアウト／アレルギー対応

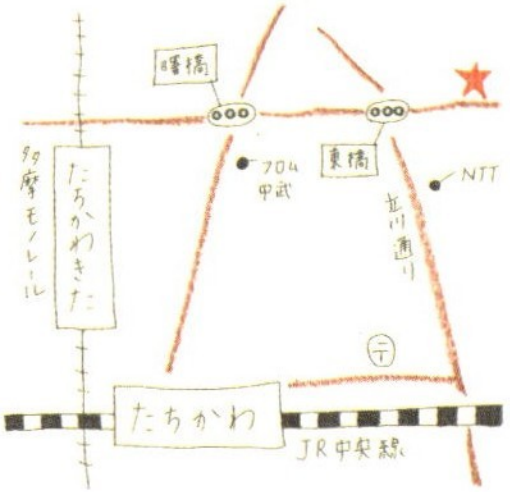

立川市曙町 3-22-15
042-519-5529
JR 立川駅北口から徒歩８分
11：45 ～ 15：00（売切しだい終了）
18：00 ～ 22：00LO
昼（日・月）夜（日・祝）休

パン工房　ゼルコバ

東京の田舎の、古い繭蔵のパンとカフェ

大きなけやきの木に守られるようにあるパン屋さん。敷地内に一歩入ると空気がとたんに清々しくなる。同時に、忙しさや雑多な思いがすっと自分から抜けていくのを感じる。ここにしかない、パンと空気。

10時の開店を待つ人がいて、開店中はいったいどこから人が来るのかしらと思うほどひっきりなし。でも、わざわざでもどうしても訪ねたくなる気持ち、よーく分かる。

混み合っていても、慌てることなくゆったりとていねいにパンを袋に入れて対応してくれるスタッフの笑顔が心地いい。カフェでいただく、1杯ずつ入れるハンドドリップのコーヒーからも、きちんとおいしいものを届けようという姿勢が伝わってくる。

開店当初からずっと薪窯を使っていたが、ふすまパンやバナナパンなどロングセラーのベーシックなものに加え、季節ごとのおたのしみパンなど種類がわんさと増えたこともあり、今は内側に溶岩プレートが張られた溶岩窯で焼いている。

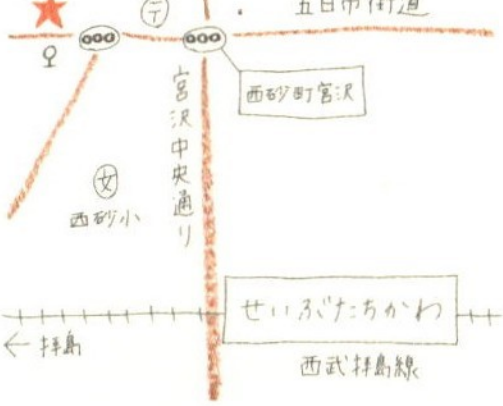

立川市西砂町 5-6-2
042-560-4544
JR 青梅線昭島駅北口からバスで「西砂殿ヶ谷」下車すぐ
10：00 ～ 17：00
火・水・木休

コーヒーとはちみつスコーン。自家製ジャムを添えて。
スコーンはパン窯でふんわりあっためてから運ばれる。

が、まだ真夜中の、2時から始まる仕事は変わらない。小麦粉は「醍醐味」、酵母は自家製と「あこ酵母」、オーガニックを中心とした素材を使って、コツコツと、きっとほがらかに楽しくパンをつくっているんだろうなと想像してしまう。

　野菜はすべてお父さんの畑「鈴木農園」の無農薬で育つもの。夏にやってきてゼルコバのアイドルとなったヤギの畝丸《うねまる》が、畑の草を食べ、良質な堆肥をつくってくれている。

　お腹を減らして、買い物袋を持ってけやきの木を目指そう。買い物袋はパン用と野菜用、大きめを2つ準備して。

禁煙／予約／テイクアウト／イートイン／鈴木農園の野菜販売　月土10時～（冬期休業あり）

小旅行気分で玄米ごはんに満たされる

食堂 marumi-ya.《まるみや》

JR中央線沿いにある古いピンク色のビル2階。駅からほんの少し離れているだけなのに、時間の流れがまったく違って、「立川にいるのに小旅行に来ている気分になれる、日常から離れた場所」と店主・伊藤真弓さんが見初めてしまった。

さまざまな飲食店で働いた経験のある伊藤さん。自分のお店なら家庭料理をやりたいと考えていた。好きでよく行った理想的なお店が吉祥寺にあって、玄米ごはんを中心とした献立の雰囲気に少なからず影響を受けている。玄米ごはんと玄米味噌のお味噌汁、メインの料理とおそうざいが2品、自家製のお漬物、三年番

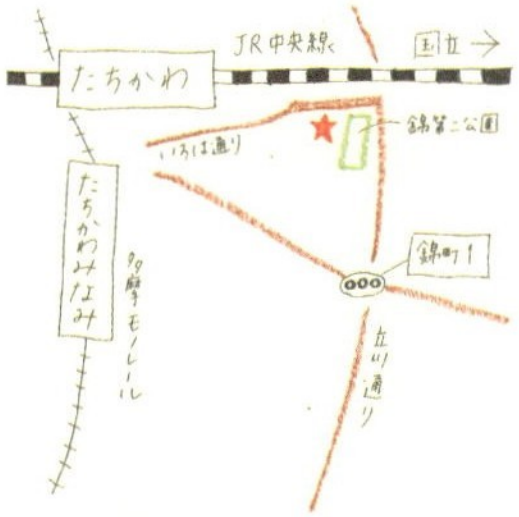

立川市錦町 1-5-6
サンパークビル 206
042-528-6226
JR 立川駅南口から徒歩４分、多摩モノレール立川南駅から徒歩５分
11：30～19：30（LO）
日休

茶の、グッドバランス。

2〜3週間で変化していくメインの料理は、4種類から選べる。豆腐の甘酢あんやかぼちゃのコロッケなど。迷ってしまうというときや、夜にオーガニックワイン（グラス500円）などといただくときには、メインだけを追加（＋450円）もできる。

玄米ごはんは、長野県産の無農薬のコシヒカリ。玄米をおいしく炊くための「カムカム鍋」で、もみすりをしてから、芯までふっくらと炊き上げている。野菜は、荻窪の自然食料品店「メルカド」や近くの八百屋さんで購入する。だんだん地場野菜を使えるようにしたいと考えているところ。

店名は、武蔵境すきっぷ通りの親戚のお店である「丸美屋」という家具店から付けた。この響きが子どものころから好きだったので、いただいたそう。

予約／パーティー／個室
テイクアウト／アレルギー対応
ギャラリー利用可

開店から閉店までいつでもある「玄米ごはん定食」＋「わらび餅」1300円。

日常も、スペシャルも。間口の広いトラットリア

organica italiana Ki《キ》・ari《アリ》

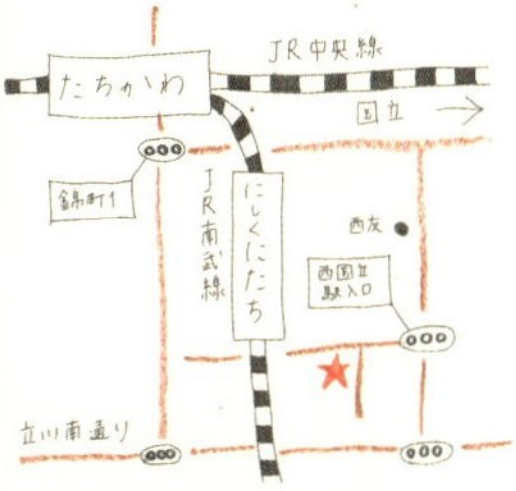

立川市羽衣町 3-2-8
アークコア西国立 1F
042-528-2854
JR 南武線西国立駅から徒歩２分
11：30～14：00（LO）
17：30～20：30（LO）
月の夜、火休（不定休あり）

南房総にある「三芳村生産グループ」の野菜を中心に、生活クラブ生協の豚肉、牛肉などを使っていろいろな世代が心から安心してゆっくりと食事ができる、イタリアンレストラン。

おまかせディナーの前菜、にぎり寿司のような一品に驚いてしまう。「カルパッチョの親戚みたいなもの」。シェフ・合津みゆきさんが今朝庭から摘んで来たオレガノ、ルッコラ、タイムを混ぜたハーブごはんに、アカいかをのせてオリーブオイルでいただく。

こんな風に、想像を超える料理に出合える「シェフおまかせ」（要予約）は、玉手箱を開けるような楽しみがある。

通常はみゆきさんがひとりでもてなすので、カウンター11席のみ。仕事帰りにアラカルトとオーガニックのイタリアワインでくつろいでゆくの男性ひとり客も。まとまった人数の

予約が入ったらテーブル席（12席まで）の用意をしてくれる。
料理教室が楽しいとのうわさを聞き、のぞいてみた。食べるのもつくるのも好き、何よりもキ・アリが大好きな女性たちが、みゆきさんを囲んでいた。今日の料理は「カリフォルニア巻き」。えっ、イタリアンじゃないの!?　家ですぐにできるものを幅広いジャンルで教えているのだそう。いわしをさばいて、エビを下ごしらえして、酢飯をつくって。ちょっとしたコツで簡単にきれいに仕上がって、思わず歓声が上がる。夜の教室には男性参加者も。
「本当においしいものを、毎日」。これが当たり前の世の中になるようにと、唱えるように料理をつくり続けている。

禁煙／カウンター／予約／貸切
パーティー／テイクアウト／通販
アレルギー対応／料理・絵画教室開催

おいしいアート column2

いっしょに本の仕事をしたり、三鷹界隈で飲んだくれたりする友人・石渡希和子《きわこ》さん（イラストレーター＆ライター）のスケジュールには、１日３食何を食べるかの予定もきちんと組まれている。仕事がどんなに忙しくても食べることを最優先するきわちゃんは、ごはん日記もつけていて、忙しいときほど手づくりをしてきちんと食べているということが分かる。私も見習わねばといつも刺激を受けている。いい仕事とおいしい食は仲良しだと、つくづく思う。

毎年 10 月に石田倉庫（立川市富士見町）で「石田倉庫のアートな二日間」というイベントが開かれる。普段はさまざまな分野で活躍するアーティストのアトリエがある場所なのだが、住人の家具工房「木とり」の山上一郎さんが、在庫品を販売する「在庫市」をやろうと言い出したのが始まり。おいしい屋台がやってくることでも知られていて、手ぶらで出かけて食べて飲んで１日ゆっくり遊べるのがいいところ。お腹が減っていてはアートもへったくれもない、いい仕事に見て触れる私たちもちゃんと腹ごしらえしなくちゃいけない。胃袋をガッツリつかんで逃がさないよという、倉庫のみなさんの思惑もあるかもしれないが、その罠にハマるしあわせな来場者は 2009 年の２日間で 2000 人も。最初は石田倉庫の社長・石田高章さんの焼き鳥屋台などだったが、エスニック料理や豚汁やおにぎり、マクロビオティックケーキまで、さまざまなお店が出店する。

新しい試みとして、アーティストと食のコラボレーション作品も誕生。葉画家・群馬直美さんのテンペラ画を「くろねこ軒」さんがクッキーにして本箱に詰めた作品、「食堂marumi-ya.」さんのドリアが入った、陶芸作家・鈴木佳世さんの耐熱皿、この日ここでしか出合えないおいしい作品は、食べるのがもったいない。

せつない気持ちも思い出になる食欲の秋、いい仕事とおいしい食は、やっぱり仲良し。

立川市富士見町 2-32-27　石田倉庫
「石田倉庫のアートな二日間」
開催のお知らせはウェブサイトにて
http://www.ishida-soko.com/

PATISSERIE perico《ペリコ》　吉祥寺をベースに、宅配やケータリングでデザートを販売している。

中国料理　揚江《ようこう》

和田さん夫妻の真面目な手仕事、無添加中華

野菜たっぷり油不使用の「低カロ野菜湯麺」900円（＋100円で竹炭麺に）450kcal、豚赤身と干し貝柱とおからでつくる「低カロ焼売」（２個）200円 95kcal、厨房でゆっくり発芽させている「自家製発芽玄米と雑穀のご飯」300円、北海道産小豆を煮た黒ごま入りあんこのやさしい甘さが後を引く「胡麻揚げまんじゅう（２個）」240円。

鶏がら、貝柱、干しエビ、かつおを使ってていねいに取ったスープが、からだにすうっと染み渡る。塩加減はやさしく、おだやかな味わい。最後の一滴まで安心して飲み干せるのがうれしい。化学調味料を使わないことは中国料理の世界においては今も珍しいことだが、和田さん夫妻は「そんなことはもう当ったり前」と言い切り、何でもできるかぎり手づくり、が信条。麺はもちろん、饅頭の餡、パン、ラー油、餃子の皮も自家製だ。１５００円～の仕出し弁当の包みも、古布で1枚1枚手縫いした袋と聞き、ただただ頭が下がる思い。

　野菜は万願寺にある日野農産物直売所や市内の直売所からも購入し、豚肉は千葉県産のさつまいもを食べて育つ「いも豚」を好んで使用している。糖尿病の人やカロリーを気にしている人も、たまには外食してプロのつくる本物を思いっきり食べてもらいたいと、低カロリーのメニューを用意してくれて、塩のグラム数まで相談できる。

予約／貸切／パーティー
テイクアウト／通販／バリアフリー

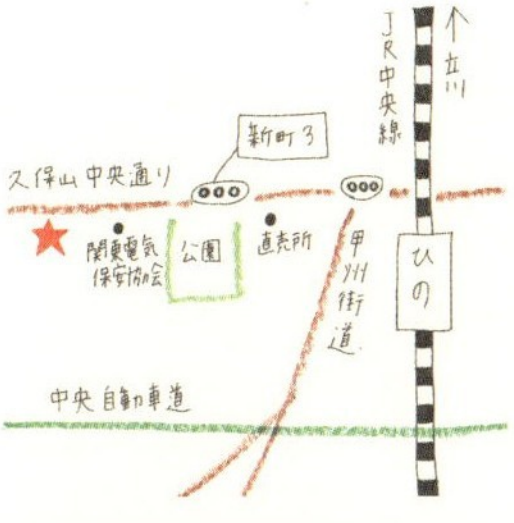

日野市新町 3-45-21
042-584-7174
JR 中央線日野駅から徒歩 15 分
11：30 ～ 14：30
17：00 ～ 21：00
水・火の夜休（不定休あり）

日野市の酪農家がつくる牛乳たっぷりジェラート

アルティジャーノ・ジェラテリア

初めてならばまず「しぼりたてミルク」300円を。牛乳のおいしさが一番よく分かる。

牛舎風の建物が目を引く、日野市の牧場「モグサファーム」のジェラート工房。

朝4時半に絞った牛乳が工房に届けられ、ジェラートづくりが始まる。届けるのは牧場主の大木聡さん、ジェラート担当は妻で店長の由美子さん。酪農家に嫁いで3人の子どもを育ててきた、元気なお母さんだ。

「牛乳は、牛が食べている飼料で味がぜんぜん違います」。ジェラートは70％が牛乳なので、おいしさは牛乳の味で決まる。開店にあたってイタリア製のマシーンを導入。習った本場のレシピで試すが、どうも甘すぎた。「うちの牛乳は甘いんだ」と実感したという。だから、砂糖は控えめ。他に、生クリーム、必要最小限度の安定剤を使う低脂肪でさっぱりとした後味だ。

日野産ブルーベリー（夏季）やいちご（12〜5月）など果物や定番の抹茶・チョコレート味に加え、常時13種類ある四季折々の味が楽しめるジェラートはもちろん、実は、ソフトクリームも隠れた人気商品。

通販／土日は早く売り切れる場合あり

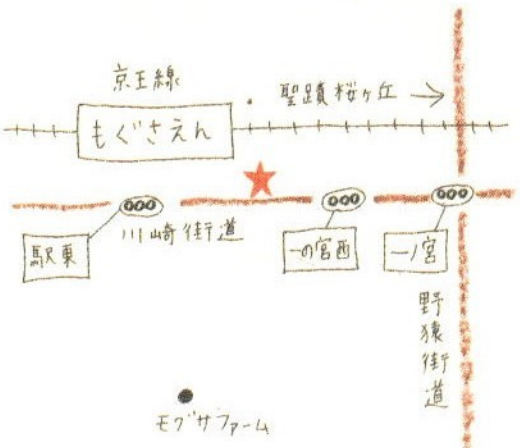

日野市百草 329
042-599-2880
京王線百草園駅から徒歩８分
11：00～18：00
木休

MAGOME《マゴメ》

お米の七変化。パウダーにした米粉はフランスパンにも

市内に有機栽培米、特別栽培米のJAS認定精米工場を持つ株式会社マゴメ。「大地を守る会」や「ナチュラルハウス」などに卸すお米を扱っていて、安全でおいしいお米の橋渡しをしている。加工品づくりにも力を注ぎ、精米の過程でどうしても出てしまう半端なお米を使った米粉のパンもつくる。

天然酵母でも試したがいいパンにはならず、生イーストを使用。発酵が早いので二次発酵なしで焼くなど、米粉ならではの特徴がある。焼き上がったパンは米粉と言われてもピンとこないが、食べると口に広がるほのかな甘さは、炊きたてごはんを思わせる。なんとフランスパンまであり、スタッフいわく「お米でできていることを一番強く感じますよ」。

和菓子の「玄米みたらしだんご」や「黒米おはぎ」、お米の「カステラ」、もちろんごはんそのままの「おにぎり」も並ぶ。日本のお米の、おいしさ、かしこさ、偉大さよ！

通販
国立店　国立市中1-15-8（パン）
府中店　京王線府中駅構内（和菓子）

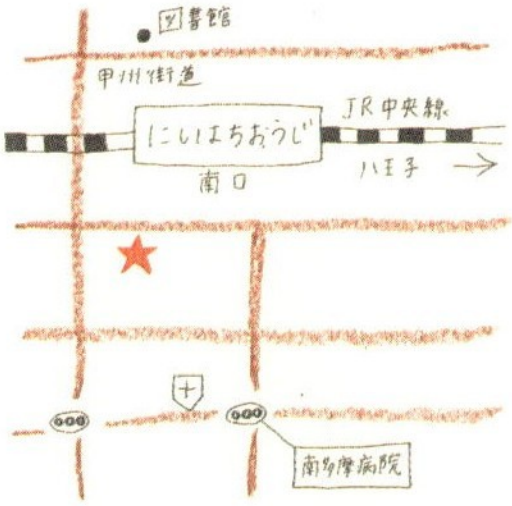

八王子市散田町 3-8-18
042-665-6538
JR 中央線西八王子駅南口から
徒歩 1 分
10：00 ～ 19：00
土 10：00 ～ 17：00
日・祝休

自家製ぶどう酵母パンとスープでランチ

ゆいまーる生活館

駅からトコトコ歩いて通り過ぎたかなと思うころに落花生屋さんがあり、その少し先。店先の黒板に本日のスープのメニューが2つ、いっしょに食べるパンを選びながらさんざん迷って、「ごろごろ野菜のクリームスープ」を注文。ドリンクとセットで600円というお手頃さ。その日の担当者のイメージでつくるが、季節の野菜とお豆を使うことだけは変わらない。

　パンは、自家製のぶどう酵母、長野県産小麦「豊作」を使用。3〜4日かけて干しぶどうから酵母を起こし、火曜から金曜の1週間で使い切るサイクルで、常に新しい酵母を使うようにしている。酸味がなく食べやすいパンに仕上げるためのひと工夫だ。最近のヒットは「黒米パン」。自然と共生する農業を目指す「あぶくま農業者大学校」に参加している佐藤今朝一さんが栽培する、合鴨栽培の「あぶ大黒米」を使った黒くてもっちもちのパンだ。

禁煙／カウンター／予約／貸切
パーティー／通販／イートイン
アレルギー対応／バリアフリー

八王子市南新町 17-5
田村ビル 1F
042-626-2296
JR 八王子駅北口から徒歩 15 分
11：00〜17：00
日・月・祝休

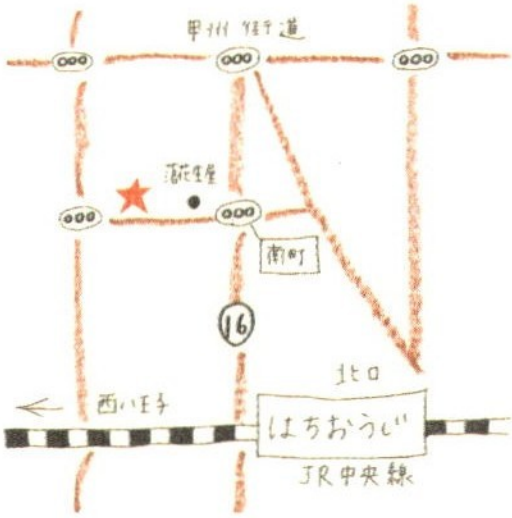

本も野菜もお菓子と仲良し

洋菓子ノ店　ハナユラカヒミ

「昔ながらの和菓子屋さんなら、〝大福はここのが好きっ〟というのがあるでしょう。そういう洋菓子屋さんになりたくて」と、店主の尾川由美さんは静かにゆっくりと話す。特別なものではなく、ここに来れば必ず出合えるいつものお菓子。「ハナユラロール」「シュークリーム」(ともに231円)は、まさしく大福的存在。尾川さんは「意識して控えているわけではない」というのに、おだやかな甘さが口の中でふわっと広がる。

大切な材料のひとつに、お店からひと山越えて20分ほど歩いた小比企町の「磯沼牧場」の牛乳がある。地

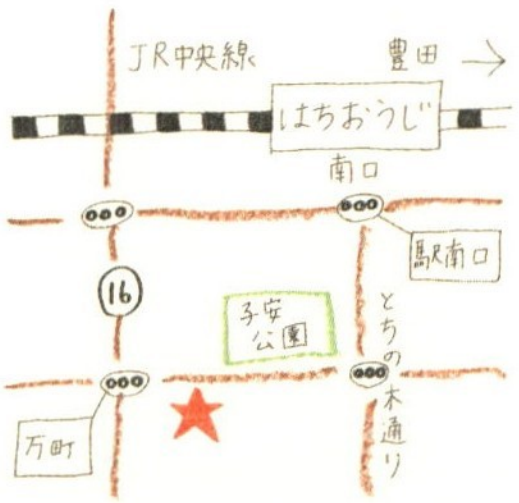

八王子市万町 50-1
042-625-8774
JR 八王子駅南口から徒歩 10 分
10：00 ～ 18：00
(売切しだい閉店)
月・火休

元のものを使いたいと思い、縁ができ、配達してもらうことになった。からだにすんなりと入り込むような自然そのままのミルクの風味は、大切に育てられた「かあさん牛」ならではで、とてもやさしい味わい。

お菓子を包んでもらっている間、棚にたくさん並ぶ本を眺めよう。お菓子とともにプレゼントするのはいかが、と販売もしている。店名発案のきっかけとなったお話の本『ジオジオのたんじょうび』（作：岸田衿子　あかね書房）もどこかに並んでいるかも。

2010年春からは、イートインが始まる。磯沼牧場の牛乳たっぷり「シナモンロール」が、店内お召し上がり限定でお目見えする。ショーケースの隣には、牛乳といっしょに届く磯沼牧場のおばあさんが育てる野菜も並んでいて、どれも105円。

禁煙／予約／イートイン

Panda《パンダ》 co《コ》 Panda《パンダ》

少しずつ、いろんな種類をオープンキッチンで焼き上げる

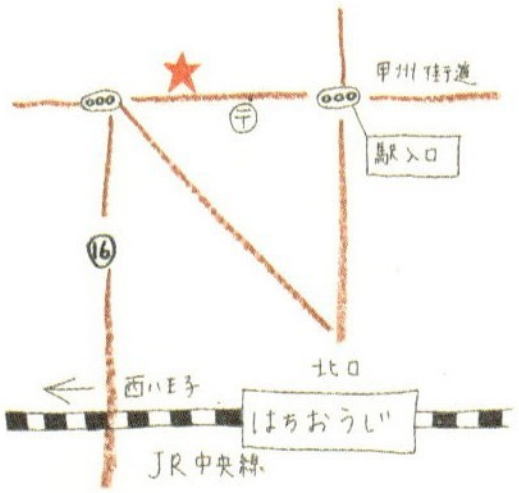

八王子市横山町 18-7
マクシスタワーズアーバンデュオ 105
042-626-2750
JR 八王子駅北口から徒歩８分
11：00～18：30（売り切れ閉店）
水・日・祝休

白神こだま酵母を広めた、八王子の「サラブレッドハウス」でパンづくりをしていた谷藤満さんが開いた。パンをつくる場所はお店の奥にあるのが常だが、ここには「奥」がなく、パンを選びながら谷藤さんの手元がよく見えるパン屋初（？）のオープンキッチン。「まる見えだからこそ私を信頼して通ってきてくださるお客様に、本当に感謝しています」。

基本は「サラブレッドハウス」で学んだ〝引き算のパン作り〟。

北海道産強力粉を１００％使用し、鹿児島県産きび砂糖、沖縄県産自然塩が基本の材料で、ノンエッグ・ノンオイル・ノンミルクと、アレルギーの方に対応している。「三角ホワイト」なら赤ちゃんの離乳食にもＯＫだ。

同じ種類のパンが５つ並んでいたら５つとも型を抜いたかのように揃っている。「きれいな形のものを選びたくなるから、全部同じように

上段左から「白神」ソフトフランス300円、秋冬限定「かぼちゃパン」400円、「レモンブレッド」400円、「レーズンパン」400円、金曜限定「はちみつパン」400円、「クルミパン」400円。

きれいに仕上げたい」。だから成形に最も気を使うという。レモンパンはレモンの形に、栗のパンは栗の形に。生地を編んだ編みパンは芸術的で、パン職人になる前は美容師だったと聞いて、さすがーと納得。

予約／テイクアウト／アレルギー対応

ベーカリー&カフェ　ディープ フォレスト

車椅子もベビーカーも、みんなが通えるパン屋さん

繊維の町として名高い八王子を象徴する、機織工場を利用したお店。赤い三角屋根と高い天井、明かり取りの窓から太陽の光がふりそそぐ。精神障がい者が社会復帰するために働く場所として家族会が立ち上げた、地域に根を張るやさしい空間だ。

広い店内は、半分がパン屋さん、半分がイートインのカフェ。少しだがフェアトレードの雑貨も並んでいる。好きなパンを選んで飲み物をオーダーすれば、ここで食べることもできるし、パスタメニューやパンサラダもあるので、ランチに利用する人もいる。

人気の「全粒食パン」(1斤210円)は、強力粉の「はるゆたか」に全粒粉を3割混ぜている。卵、大豆、乳製品使用の表示がきちんとあるので、アレルギーを持った人の利用も多く、おむつ交換のためのベビーシートもある。

禁煙／イートイン／テイクアウト
アレルギー対応

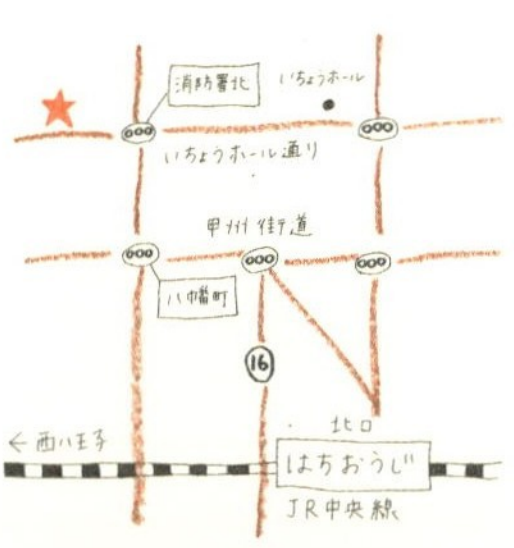

八王子市平岡町 4-2
042-628-2707
JR 八王子駅北口から徒歩 15 分
10：00 ～ 16：00
土・日・月・祝休

ごはんで言えば白米ごはん
毎日たべても飽きないあこ酵母のパン

あこべる

府中市晴見町 3-18-4
042-354-7166
京王線府中駅、JR 中央線
国分寺駅南口からバスで
「明星学苑前」下車２分
10：00 ～ 17：30
無休（年末年始を除く）

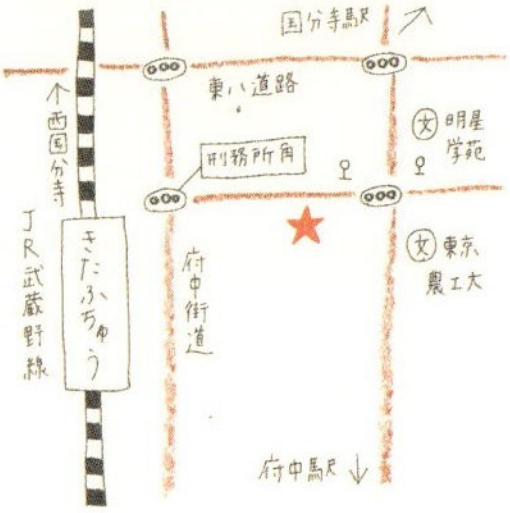

㈲あこ天然酵母の支店としてリヤカーにパンを積んでの引き売りでスタートし、買える場所を増やして、猛烈なスピードであこ酵母でつくるパンのおいしさを伝えている。

「安全というだけでは天然酵母は広がらないけれど、これはいろんな可能性を持った酵母だと思います」と話すのは、25年以上も天然酵母パンに関わる仕事をしてきた五十嵐九重さん。くせがなくて、食べてもあこ酵母ということが分からない。でも、うまみがあって、合わせるものを引き立ててくれる。

おすすめで人気ナンバーワンが「わっさん」（クロワッサン）。バターの香りが立つが、サクッもちっの食感がよく、油っぽくない。

予約／通販
買える場所　エキュート立川2F／調布パルコ地下1F／車返団地さくらコマース／町田小田急百貨店地下1F／下北沢スーパーオオゼキ1F

AOSAN《アオサン》

公園向こうの大時計がパンの時間だよって呼んでいる

これ以上の目印はない、というくらい目立つ大時計。以前理髪店として営業していたときにもあったそうだが、閉店とともに取り外してしまった。時計の話を知った奥田充央さんは、「AOSAN」を開店して、あらためて大きな時計を見つけて取り付けた。時間とパン屋さんが見える公園では、今日も子どもたちが楽しく遊び、大人たちが時間を忘れて（!）井戸端会議する。

神戸でフランス菓子の世界に入り、吉祥寺にあったドイツ菓子の「ゴッツエ」で働いていたときにドイツパンに目覚めたという奥田さん。その後「ルヴァン」の工場でどっぷりパンと向き合ってきた。

北海道産を主とした国産小麦粉、

天然塩、てんさい糖などを素材として選んでいる。オープンしてからずっと定番商品・食事パンの「カンパーニュ」（ホール1120円、4分の1は280円）。ライ麦と全粒粉の分量を少しずつ増やして配合を変えてきた。「最初と比べるとずいぶん味が深くなっています」と奥田さん。ハード系のパンに馴染みがなかった人も、無理なく親しんでもらえるようにと考えた工夫。

イートイン、テラス席があるので、パンを選んで食べていくこともできる。「コーヒー」（250円）のほかに、珍しいドリンクメニュー「アオラテ」（400円）を発見。からだに効く青汁を牛乳で割ったもので、奥田さんがおすすめにあげてくれた、くるみとヘーゼルナッツ、レーズン2種がガッと入った「アヴリーヌ」（280円）や「ショコラ」（180円）と案外合うかも。

禁煙／イートイン

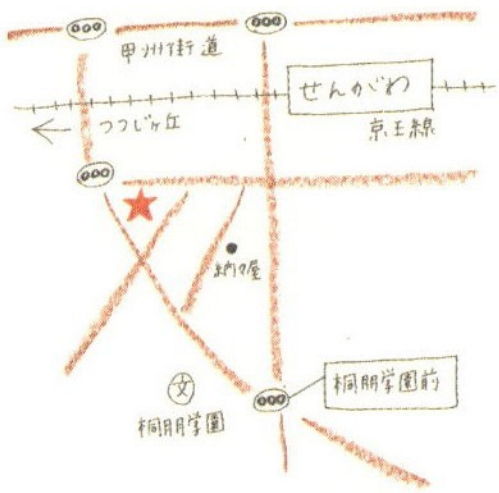

調布市仙川町 1-3-5
03-5313-0787
京王線仙川駅から徒歩３分
10：00～18：00
日・月休

ご近所の、「niwa-coya」「KICK BACK CAFE」でも、AOSANのパンに出合える。

LIVE & CAFE DINER

KICK《キック》 BACK《バック》 CAFÉ《カフェ》

誰もが楽しめる、ライブもあるラフなカフェ

いい音楽といい食事、見て聴いて食べて、リラックスできる空間。アットホームな雰囲気で、ひとりでも家族とでも、みんなが思い思いの時間を過ごせる。ミュージシャンでもあるオーナー夫妻がレコーディングでアメリカで生活していた際、植物性だけの食事やオーガニック食材がごく普通に身近な存在だったことに影響を受けた。帰国後すぐに「ナチュラルな食事を提供しよう」とメニューを一新。できるかぎり安心できる食材を心がけ、動物性食品を一切食べないヴィーガンの人にも対応できるよう、植物由来の食材でつくるメニューも用意している。

ランチ限定「レディースプレート」は安心・安全・おいしいにこだわった、季節野菜が中心の女性にやさしいヘルシープレート。主食は滋賀県産の無農薬の玄米ごはん、雑穀が入ったごはん、白米、天然酵母のカンパーニュから選べる。

禁煙／カウンター／予約／貸切
パーティー／テイクアウト／通販
アレルギー対応／バリアフリー
ライブ開催

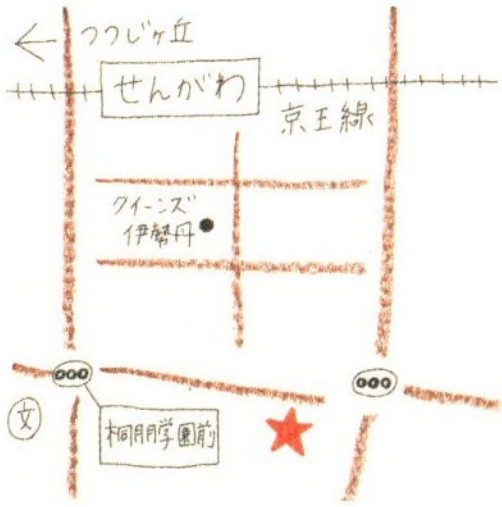

調布市若葉町 2-11-1
パークスクエア武蔵野 1F
03-5384-1577
京王線仙川駅から徒歩５分
11：00～22：00(21：30LO)
ライブ、イベントの日は夕方一度クローズして～23：00(22：30LO)
日 18：00～23：00(22：30LO)
水 11：00～16：00(15：30LO)
月休

佐島直送、旬の魚介が主役です

ぽわぶる

種類が多く旬がはっきりとしている魚と野菜を、たっぷり味わえる小さなレストラン。ランチもディナーもメニューはひとつだけ。「アラカルトもやっていたのですが、今日入ったおいしい食材、これはぜひこういう風に食べてもらいたいという気持ちがだんだん強くなって」と阿部知朗シェフ。

秋のある日、お昼ごはん（850円）のメインは「かつおのグリル」。注文を受けてからグリルする立派なかつおに、そのかつおが見えなくなるくらいの野菜を添えて。地元深大寺の農家のブロッコリー、人参など。まるでディナーのように豪華なひと皿と、じゃがいもがたっぷり入ったスープ、人参のサラダ、押し麦と玄米と金ゴマ入りのごはん。

夜のおまかせコースは3675円からで、魚と野菜からなる料理5品とパスタ。2時間半から3時間かけてゆっくりとすすむコースゆえ、1日3組のみとなっている。魚料理には白ワインかと思うが、かつおやいわしなど背の青い魚にふさわしい軽めの赤ワインも揃う。

禁煙／カウンター／予約／貸切
アレルギー対応／バリアフリー

調布市布田 1-47-4　調布ツインズ B1F
042-499-2080
京王線調布駅北口から徒歩２分
11：30～14：00（LO）、18：30～23：00
土祝 12：00～14：00（LO）、18：30～22：30
日・月ディナー休

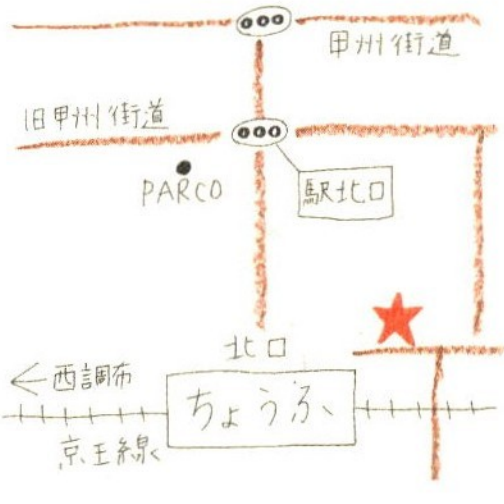

ゆっくり作品と触れ合える感性うるおうギャラリー

niwa-coya《ニワコヤ》

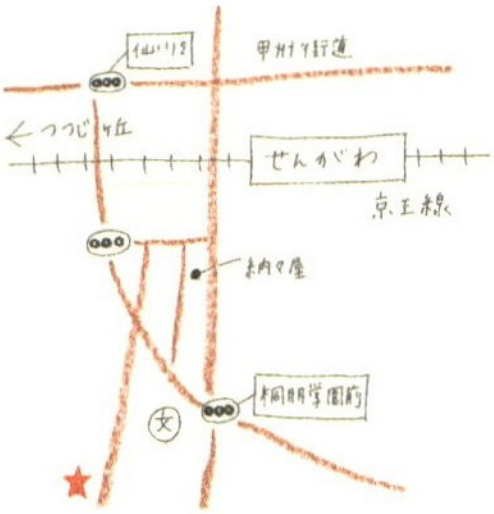

調布市若葉町 1-28-28
03-5315-2848
京王線仙川駅から徒歩７分
11：00～18：00
土 11：00～22：00
日・月休

きれいで賑やかな仙川駅前は素通りして、小さな商店街をきょろきょろしながら桐朋学園東側へ。店名の「庭」と「小屋」をイメージして行けば、迷うことはないはず。

劇団を主宰する笠原真志さんと妻の文代さんが暮らしていた平屋の家の、物干しの部分と4帖半をふたりで大改装してギャラリーをつくった。「作家さんが身近にたくさんいて、紹介する場所を持ちたかったんです」と笠原さん。2年が過ぎたころ、お茶が飲めたらいいなという声に応えて、カフェをオープン。

そして、お茶だけでなく、海老沢さんがつくる力強い野菜の料理と合鴨農法で育つ玄米ごはんの食事メニューや、「AOSAN」のパンでつくるサンドイッチなど、充実のカフェメニューを揃えてしまった。庭には、オープン記念に友だちがプレゼントしてくれたスモーカーがあって、真志さんはすでにベーコンの達人。「自分たちでどんどん仕事を増やしてますね（笑）」。そして今度は昼に来られない人のために、夜の営業を始めるとのこと。国産ワインとビール、おつまみも用意される。

ギャラリーだけどごはんも食べてゆっくりできて、帰りにおいしい野菜も買えて。ご近所の個人オーナーのお店を応援するべくマップもつくって、ますますおもしろくなりそうな仙川の中心的存在。「ここにいるだけでいろんな人が来て、つながっているなあと感じます」。つながりが生まれてまた人が集って……エンドレス。

禁煙／野菜の販売あり／子ども服や雑貨の販売
ギャラリー併設（基本は自主企画ですが、レンタルご希望の方は相談してください）

「本日の玄米お膳」
900円

イタリア食堂　Vino Uno《ヴィーノ　ウノ》

狛江・農家の味の濃い野菜が味わえる

「1年中、狛江の野菜を追いかけて料理しています」。オーナーシェフの小澤政宏さんは、世田谷区からこの地に移転するとき、狛江産のルッコラを食べてその味の濃さに驚いて、地元の野菜でやろうと決めた。JAマインズ狛江支店直売所で生産者の名前をたどって連絡をして、関係を築いていった。

　黒板には「本日の狛江野菜生産者」の名前が書かれ、メニューの説明でも「しつこいほど、誰々の野菜ですって伝えるんです（笑）」。取材のお願いをした際も「ではいっしょに農家さんを訪ねましょう」と段取りしてくださった。それもこれも、生産者のみなさんあってのレストランだと強く感じているからだ。

　親しい生産者のひとり、谷田部正美さんが「市場に出荷するよりも面白い。直接手渡すことができて、やる気が出ます」と語れば、「お互いがうれしくて、地元のお客さんに喜んでいただける」と小澤さん。畑の主と料理人の会話の弾むことといったら。

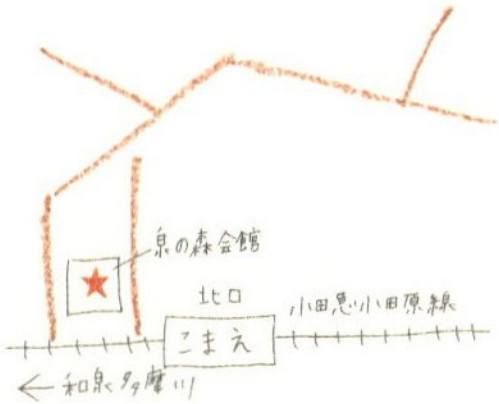

狛江市元和泉 1-8-12
泉の森会館 1F
03-3430-4884
小田急線狛江駅北口から徒歩１分
11:30〜14:00、17:30〜22:00
月休（祝は翌日休）、月１連休あり

多摩川が近い狛江の土は、赤土、黒土、荒木田土の３種。ここは黒土。掘りたて「千枚カブ」。

コースメニューは基本的に２名様からだが、お一人様コースもある。ランチは 1680 円〜、ディナーは 3150 円〜。写真はある日のディナーコースより。「アンティパストの盛り合わせ」「ホウボウの香草石窯焼き」「バーニャカウダー」。

アプローチからも炎が見える、自慢のピッツァ窯。短時間で焼き上げるゆえ、ピッツァだけでなく肉や魚もおいしさを封じ込めて焼きあげる。野菜を焼くのにも適していて、たとえば、とうもろこし。使いきれないほどたくさん収穫する旬を、皮のまま蒸し焼きにして粒をはずして冷凍しておくそう。旬の風味そのままのとうもろこしのポタージュが端境期に登場する。

禁煙／カウンター／予約／貸切
パーティー／テイクアウト
アレルギー対応／バリアフリー

茶茶《ささ》
人生を楽しくする何かがあるお店

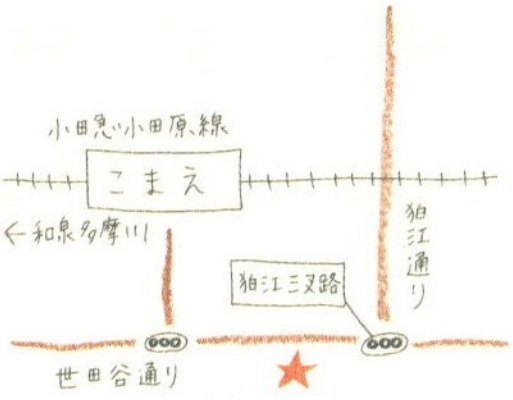

「白あんのパウンドケーキ」350円と「コーヒー」400円。白あんは、すぐ裏にある和菓子屋さんから分けてもらっている。

狛江市東和泉 2-3-13　2F
03-3480-0534
小田急線狛江駅南口から徒歩５分
19：00～25：00（24：00LO）
第１日休（不定休あり）

カウンターの上に出番を待つ土の器が並ぶ。その向こうに、立派なかぼちゃ、じゃがいも男爵がおいしいオブジェのごとく、ごろん。

献立は毎日替わる。開店前に店主・鶴見さんが手書きで綴ったメニューに気になるものがいくつもあって、ひとりだし、どうオーダーすべきか悩んでしまう。その表情を察してか「おまかせでごはんとお味噌汁のセットにできますが」。ひとりなら少し盛りに、グループなら取り分けやすい量にと、ちょうどいい量にさりげなく気を配ってもらえる。

野菜は、ほとんどが狛江産。調味料は広島産の藻塩や島根産の天然醤油など、昔ながらの製法のものを好んで使う。お酒は鶴見さんの故郷、八丈島の焼酎があって、野菜に合わせるなら3年熟成の麦焼酎を。日本酒は山口県の「貴」など。市内の酒店「籠屋」さんから届けてもらっている。ごはんを食べて、じんわりとのんで。〆は、うどんにしようか、ケーキとコーヒーにしようか。

地元の野菜、いつものお客さん。カウンターの端っこで初めて訪ねたひとり客（私）も、茶茶を真ん中にしてつながる輪の中にいるような、あたたかな気持ちになる。

禁煙／カウンター／予約

ごはんセット 1000 円。揚げなすの醤油、しろ菜の煮浸し、きんぴらごぼう、野菜サラダ、野菜カレー、ごはん、味噌汁。カレーは野菜の旨味が濃くて、日本のお米にぴったり。

狛江の朝ごはん column3

「むいから民家園」の行事のひとつ、「狛江の朝ごはん」。食文化の形として「茶茶」の鶴見さんが窓口となり、月１回日曜の朝７時半に集まって、朝ごはんをみんなでつくってみんなで食べようという会だ。近くの荒井正さんの畑に野菜を分けてもらいに行くところからスタート。まだちょっと眠いかもしれないが、新鮮な野菜に触れると「よしっつくるぞ！」と元気がわく。

古民家は昔ながらの土間の台所。かまどに薪をくべて火を起こすところから、ごはん炊き班が担当する。野菜料理班は野菜を調理して、味噌汁班が具だくさんの味噌汁をつくる。家では味噌汁なんてつくらないのでは？　と思うような若い男子らが「味噌はこのくらいかな」「ちょっと薄いな」。真剣に味見するようすを見ていてちょっと不安が…。縁側ではアクリルたわしを編んだり、庭先では竹林から切ってきたばかりの竹で箸やお皿をつくったり、食事当番でない人はせっせと手仕事に取り組む。

ようやく準備が整って、「さあ、食べましょう」の声がかかる。参加者が家から持参するお茶碗、お皿、お箸のMY食器を眺めるのも楽しい。いつもの食器をそのまま持って来ている人、アウトドア用を揃えている人、かわいい曲げわっぱ弁当箱の人もいた。

「いただきまーす」

「ごはんのおこげがおいしいね」

「おかわりありますよ」

味噌汁担当の若い男子たちの傑作、かぶとネギと白菜がたっぷり入った味噌汁も、とってもおいしかった。

月に１度の、日曜の朝。いつもより早起きして、働いて、そしてたくさん食べてしまう朝ごはん。みんなと食べるから、なおおいしくて。

MY食器持参／参加費500円／先着30名
問い合わせ先：「茶茶」（本書P68）
会場：むいから民家園（狛江市立古民家園）
狛江市元和泉2-15-5

天然酵母パンとラスクのお店　SO《ソ》 LALA《ララ》

３ＤＫ角部屋、稲城市産ぶどう酵母も起こすパン屋さん

梨畑の角に「酵母パン屋まであと74歩」の案内。30歩目くらいからパンの香りがしてきて、到着したそこはマンション1階の角部屋。ドアを開けて靴は脱がずにすすむと、骨董市で見つけたという木枠のショーケースにいい表情のパンたちが並ぶ。日当たりのいい３ＤＫをまるごとリフォームした、ほのぼのとしたお店。

焼菓子づくりが得意で、自家製天然酵母で焼くパンに夢中になった高谷千賀子さんと、技術系の会社員から転職した祐輝さん夫妻が営む。パンづくりは千賀子さんの担当だが、酵母の世話だけは祐輝さんがする。「私はサボテンさえも枯らしちゃうんですけど、彼は上手なんです」。そっか、お店のほのぼの感はふたりの雰囲気によるものだったのね。

まだ店舗を持つ前に誕生した「Ｗチョコブラウニーパン」(２８０円)。ブラウニーに卵を入れ忘れて焼いてしまい、その失敗作を捨てられなくてパン生地に入れてみたらおいしく焼き上がったという、「失敗は成功のもと」の最高の見本。以来わざと卵を入れないブラウニーを焼いている。これはりんご酵母を使うが、ほかに稲城市産ぶどうの酵母、ホシノ天然酵母を使い分け、粉は強力粉の「春よ恋」、薄力粉の全粒粉、強力粉の全粒粉をブレンドしている。

食事パンの「酵母パン」(５００円)など定番メニューは3割。「同じものをつくり続けるより新しいものをつくるのが楽しくて」と千賀子さん。

オーガニックコットンでつくる雑貨などを販売する部屋もある。

禁煙／カウンター／通販／イートイン
アレルギー対応

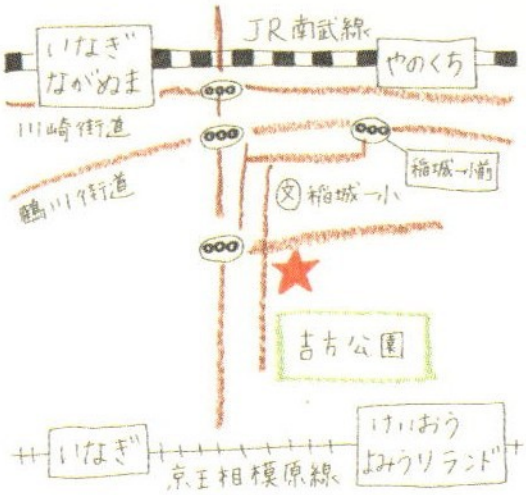

稲城市東長沼 1724-4
パストラルハイツ 106
042-378-3772
JR 南武線稲城長沼・矢野口、京王線稲城・京王よみうりランド駅から徒歩 15 分
11：00 〜 16：00
日・月休

Cafe Sakura

国産小麦粉のパンがあるナチュラル&ポップなカフェ

パンが好き、いや好き以上に、ただならぬつながりを感じたという浦神美由紀さんが店主。「好きな町で、好きなパンを並べる、小さなカフェをやってみよう」と、築50年になる物件に出合い、天井をぶち抜き大改造した。

北海道小麦、ホシノ天然酵母を使用するパンは食事パン以外にもデニッシュなど少しずついろんな種類を焼いていて、テイクアウトもできる。写真の「パングラタン」(950円)は、ライ麦パンの中身をくり抜いて、皮つきのじゃがいもなど野菜がごろごろ入ったグラタンソースをたっぷりと詰めたもの。手も使っておおらかにいただきたい。くり抜いた中身のゆくえが気になってたずね

ると「実は、ハンバーグに入れちゃうんです（笑）」。

　使用する野菜は、近くの畑から届くものと、日野市在住の松川みち代さんが手がける、百草の里山でつくった手づくり野菜。「ていねいにつくられていて、本当においしいんですよ」と、浦神さんが目を細めるお店の自慢食材だ。ランチを食べに来店されて、野菜をつくっている話になって「ぜひ分けてください！」とおつきあいが始まった。

　定期的にニットカフェや英会話カフェ、雑貨イベントを開いている。パンと食べることが好きな女性が集って、ほんわか賑やかなカフェ。

テイクアウト／ニットカフェ・タロットカフェ・英会話教室開催／雑貨販売

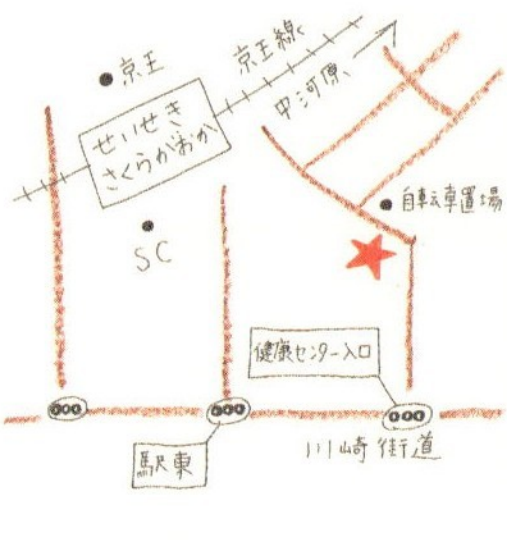

多摩市関戸 2-23-18
042-376-9096
京王線聖蹟桜ヶ丘駅東口から
徒歩３分
11：30～19：00
木休

ナチュランド シルフレイ

日替わり定食「ひらけごま」に想いを込めて

多摩ニュータウンの瓜生通り沿い、自由に枝葉をのばした緑の植栽に埋もれてしまいそうな店先、と書くのが一番の目印になりそうな、小さなレストラン。

このお店を営む野呂喜代子さんと無農薬野菜との関わりは、30年以上も前「引き売り」と呼ばれる移動販売が始まったころから。原宿の服飾専門学校にマクロビオティックを取り入れた学食を立ち上げるスタッフになったり、自ら畑を耕したり、ヨガを学んだりと、食とつながる豊富な経験から生まれた日替わり定食「ひらけごま」（840円）は、毎日食べたい理想のごはん。

季節の野菜のおかず、豆腐、海草、豆、穀類、ゴマがきちんととれ、陰陽のバランスもふまえた食事となっている。必ず添えられる「ひじき大豆」と「じゃがいもサラダ」を含めて、なんと9種類ものおかずが！

「玉ネギと水菜のサラダ」という何気ない一品が、ものすごくおいしい。どうやってつくるのかしら？と聞きたくなる。「玉ネギは水にさらさないのよ。よく切れる包丁で切り口を壊さないことが大切ですね」

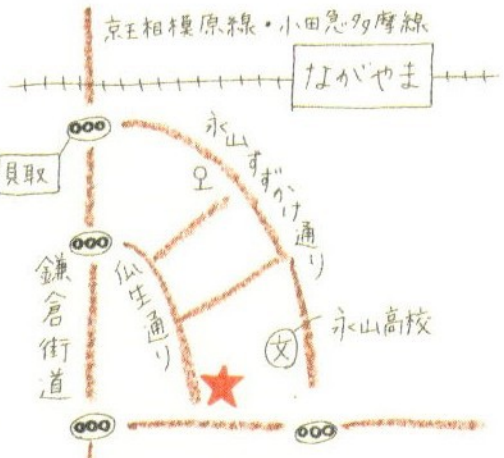

多摩市永山 6-10-2
グリーンハイム尾根２
042-376-5065
京王線、小田急線永山駅からバスで
「永山高校前」下車５分
11：30～14：30
土 12：00～15：30
日・月・祝休

つくりかたを教えてもらいました。

かぼちゃのおから揚げ

（写真、長いお皿の一番右上）

材料
・かぼちゃ
・玉ネギ
・おから
・豆乳
・つなぎに地粉
・塩ひとつまみ

1. かぼちゃは千切りにし、玉ネギはみじん切りにして塩で炒めておく。
2. すべての材料を合わせ、平べったく形をつくる。
3. なたね油で揚げる。
＊揚げ油は、なたね油とゴマ油をブレンドするのもおすすめ。

と野呂さん。

食材は、長野県八ヶ岳の三井和夫さんが営む「ゆいまーる農園」から届く野菜が中心。豆腐、豆乳、おからは国産大豆と天然にがりを使用している府中の「元気屋」のものを使う。あれはだめ、これはだめと頭で考えて否定するのではなく、ごく自然と野菜や果実や卵など〝採った〟ものになり、肉や魚など〝獲った〟ものは使わなくなってくるという。

今日の玄米ごはんは大きな栗がごろっと入った「栗ごはん」だった。今度訪ねるときはどんな季節のごはんかしらと、次回が楽しみになってしまう。

禁煙／予約／貸切／パーティー
テイクアウト／子どもメニューあり
料理教室・ヨガ教室開催
野菜、日用品の販売
多摩市の高齢者夕食配食サービスあり

手づくりケーキの店　ナチュランド

生産者の顔が見えるナチュラルケーキ

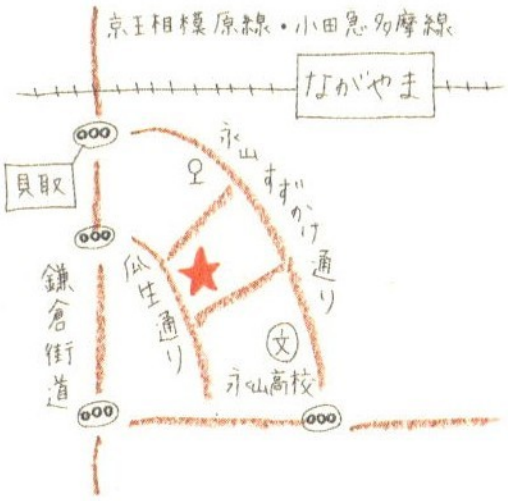

多摩市永山 6-9-3　ハイム永山 105
042-337-1020
京王線、小田急線永山駅からバスで「永山高校前」下車５分
10：00 〜 18：00
日休

子どもたちが安心して食べられる、アトピーがあっても「食べていいよ」と言ってあげられるケーキをつくり続けている。

「最近は、野菜を使ったお菓子がさらに増えましたよ」と代表の山本道子さん。オニオンを炒めて甘みを出すノンシュガークッキー、キャベツとマヨネーズのお好み焼き風味のクラッカーなど楽しい品揃え。

野菜の産地はいろいろで、生産者の方と仲良くなって、本当に顔が見える野菜を使っている。かぼちゃは北海道の杉野さん、小松菜は小金井の川里さんなど遠くからも近くからも愛しい野菜が届く。基本材料は長野県産の国産小麦粉、町田市の小林養鶏場の自然卵、ミネラルが豊富な洗双糖、よつ葉の牛乳とバターなど。冷凍技術もますます進んで、全国に「ナチュランド」を届けることができるようになった。

禁煙／テイクアウト
通販／アレルギー対応

開放感あふれる空間で、みずみずしいイタリアンに出合える

ASTANA GARDEN《アスタナガーデン》

多摩丘陵のなだらかな丘の上にあるレストラン。南と北の両側がガラス張りになっていて着席しながら空を眺められて、思わず深呼吸をしたくなる。まちにもっと緑を！　と、屋上の緑化や緑地の再活用などを提案する会社「グリーンワイズ」に隣接している。表参道のイタリアンレストラン「RISTORANTE DA FIORE」の眞中秀幸シェフが料理の監修をする。

契約農家から届くもの、敷地内の自家菜園で収穫するものなど、旬の野菜をふんだんに使うのはもちろん、イタリアから直送されてくる水牛モッツァレラチーズを始め野菜を引き立てる素材も充実。手を加え過ぎずやさしい味に仕上がっていて、高齢の常連客にも好評を得ている。久しぶりに会う友だちといっしょにランチ、いいことがあった日や記念日のディナーに、席をリザーブしてから訪ねたい。

禁煙／アレルギー対応
バリアフリー

ランチコース1680円より。毎朝厨房で焼き上げる白神酵母を使った国産小麦粉のパンも、ふんわりとやさしい。

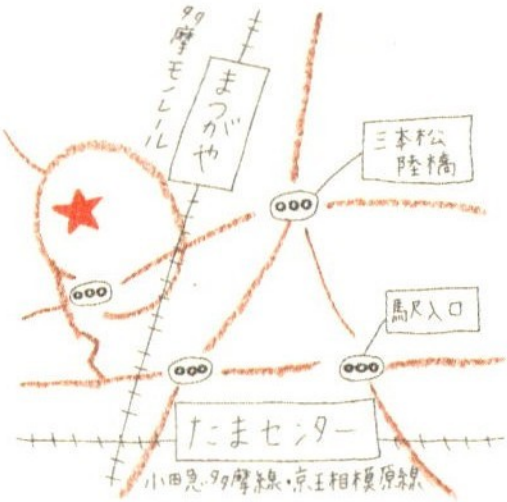

多摩市山王下2-2-2
042-338-0011
京王線、小田急線多摩センター駅から徒歩13分
11：00～16：00（14：30LO）
18：00～22：00（21：00LO）
水休（祝は翌日休）

ずっしりの重みに、つくる人のパンへの思いが

CICIUTÉ《チクテ》 / BAKERY《ベーカリー》

扉のすき間から焼きたてのパンの香りがふわっとこぼれる。開店後30分過ぎた午後1時、並ぶ人が数人いる。3人も入ればいっぱいになるこぢんまりとしたお店なので、1組ごとに入ってパンを買う。買い物を終え袋を抱えて出てくる人を横目に、売り切れないかしらと心細くなる。

「自家製酵母でつくるパンのイメージを変えて、いろんな方に食べてもらいたくて」と店主の北村千里さん。「ハチミツカンパーニュ」(ホール９８０円)や「黒砂糖入り黒カンパーニュ」(ホール８００円)のように糖分を加えて、やわらかく食べやすく仕上げた食事パンからその思いが伝わる。ひとりで卸しと通販か

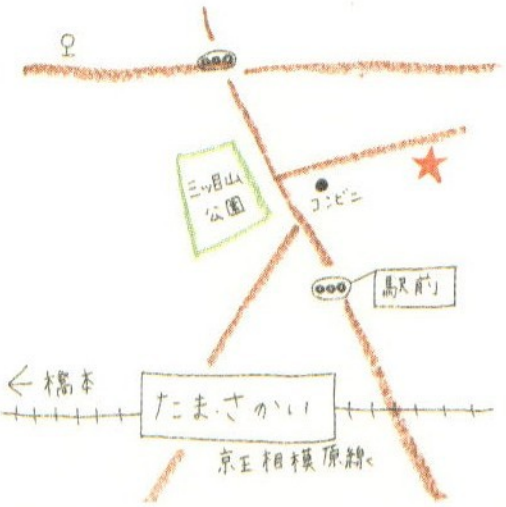

町田市小山ヶ丘 4-9-9
042-770-1514
京王線多摩境駅からバスで「三ツ目山公園」or「多摩美大南」下車 ３分
12：30～18：00
月・火休

ら始め、工房をつくり、今はスタッフと40～45種類のパンをつくっている。

鎌倉市の修業先で10年も前に起こしたぶどう酵母を、粉と水と塩でつないでつないで。酵母を育てるのに使う粉は、主に群馬県の農家さんから届く農林61号。グルテンが少ないのでパンづくりに通常は向かない品種だ。「でも、味と香りがとってもよくて、全粒粉のパンにも使っているんです」。

ほんわりとした雰囲気の中、スタッフのていねいでキビキビした仕事ぶりが見てとれる。

禁煙／予約／テイクアウト／通販
アレルギー対応

天然酵母パン工房　リトル・トリー
「新しい気づき」のひとしずくになるパン

樹齢およそ100年のブラックウォールナットの根っこの部分を使った看板に迎えられドアを押すと、小さな店内にあふれんばかりのパンたちが顔を出す。食パンだけでも13種類、毎日60種類はつくると聞いて、大変だろうと心配してしまうが、元気いっぱいに接客する高木みのりさんに出会うと、心配なんてまったく無用ということに気づく。

パン職人の夫・康弘さんとともに毎日食べるパンを通して、私たちが向き合わなければならないさまざまなテーマを、地域に根を下ろして発信している姿が、まぶしい。

憲法九条の「9」を形にしたパン、沖縄のジュゴンのパンをつくったり、パレスチナ産フェアトレードのオリーブオイルや、自然の果物をたくさん使って真面目につくられた福岡産のジャムを紹介したり。

「パンが新しい気づきの一歩のひとしずくになればいい」。

アレルギーを持つ人のために、おやつパンも卵・ミルクを使わないものを当たり前に揃えているが、年配の人から「卵もミルクも入れてほしいわ」との声があり、八郷農場の卵とよつ葉のバターを使うものも。小麦粉は熊本県産の「南のめぐみ」。自家製酵母は、レーズンの酵母と、玄米からお酒造りのやり方を応用してつくる酵母を使う。

目下、コマーシャルしたいのが「玉川らすく」（300円）。無農薬・無化学肥料の陰陽農法に取り組む相模原市の「まつど農園」のニンニクを使ったご当地ラスクだ。

予約／通販／アレルギー対応

生地は抹茶、鼻は紅芋、卵と乳製品は使わない「和ドラ」230 円。沖縄の「ジュゴン」185 円。デトックス効果抜群の孟宗竹の炭のパウダー・黒豆・黒米が入った「黒五」400 円、小麦・グルテン不使用のお米 100%「まさとパン」120 円。

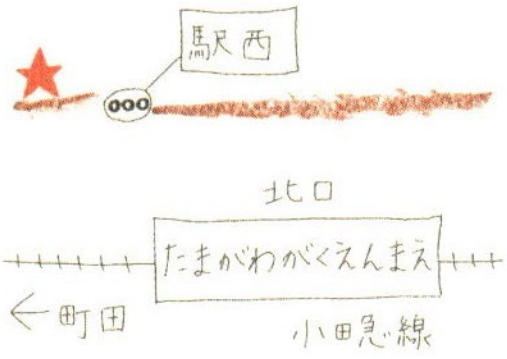

町田市玉川学園 2-8-28
042-728-5561
小田急線玉川学園前駅から徒歩４分
10：00 〜 19：00
日・月休

百一彩《ひゃくいっさい》

町田の野菜を使ったバランス満点のランチとお弁当

「日替わり定食」850円。

町田市原町田 4-11-4
ハイリッチビル
042-726-9876
JR・小田急線町田駅北口から徒歩４分
12：00～15：00
日・祝休

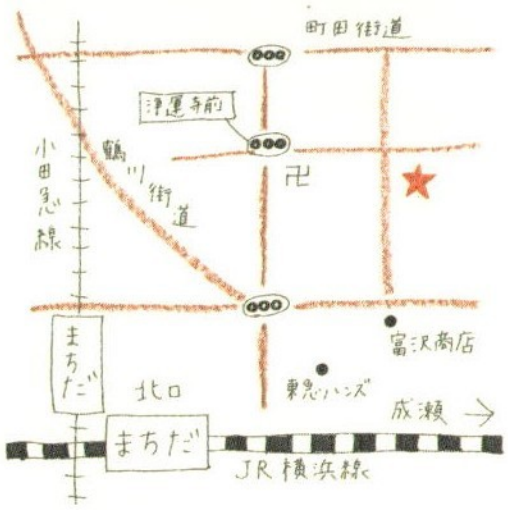

チェーン店が多い町田駅界隈で、リーズナブルに安心してお昼ごはんを食べに通える定食屋さんに、やっとめぐりあえた。

地場野菜、雑穀、海藻、豆、乾物を使ったバランス抜群の「日替わり定食」が、唯一のメニュー。選べるごはんは4種類で、白いごはん、白いごはんに黒米を入れて炊いたもの、発芽させて炊く発芽玄米、そして独自の方法で発酵させた酵素玄米。ハーフ&ハーフもお願いできる。

野菜は、月曜と木曜に朝9時から農家さんが売りに来る「ぽっぽ町田ビル」の野菜即売会で手に入れている。調味料は玉川学園前の「明日葉」で調達している。

禁煙／テイクアウト／アレルギー対応
日替わり弁当（600円～）の配達は朝9時～10時半までに注文を。

お昼にゆっくりと ディナーのような時間を過ごせる

ラ・クロ

オーナーシェフ・黒田晋二さんの家の近くにはまだまだ畑が広がっていて、朝の散歩がてら直売所で野菜を仕入れることもできる。

フランス料理の基本はくずさない。が、「フランス料理じゃないみたい」と言われることがよくある。「フランスもイタリアもスペインも、大昔に国境はなかったでしょう。おいしいものが今日、ここで、たまたまこういうかたちになりました、という感じかな」と黒田さん。

ランチメニューはないが、お昼にゆったりしたい方に喜ばれている。特別な日、ちょっと乾杯という日、席の予約をして出かけたい。

食事といっしょに楽しみたいワインはご近所の「はせがわ酒店」と相談しながら揃えている。小さなワイナリーの質のいいワインが充実していて、グラスワイン（680円〜）も美味。生産者が訪日の際、パーティーも開かれる。

禁煙／カウンター／予約／貸切パーティー

前菜・スープ・メイン1品・デザート・コーヒーからなるコースが2520円。山芋の上にプチトマト、その上にレンコンがのっているお皿はメイン料理の「平目のソテー」。

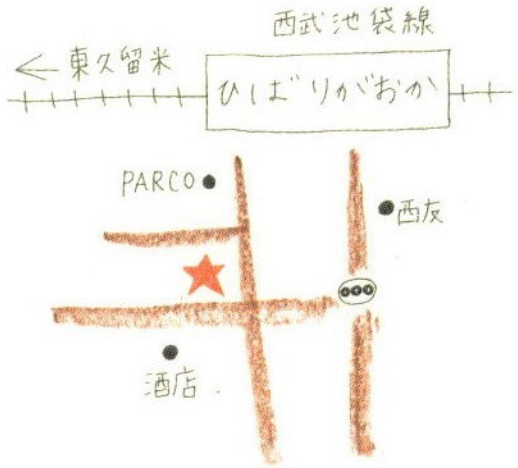

西東京市ひばりが丘1-3-3　HFビル2F
042-425-8196
西武池袋線ひばりヶ丘駅南口から徒歩2分
11：30〜14：30
18：00〜21：30（21：00LO）
月休（祝は翌日休）
土日祝はディナータイムのみ

柳内《やなぎうち》商店

西東京市産の小麦粉でつくる素朴なカステラ

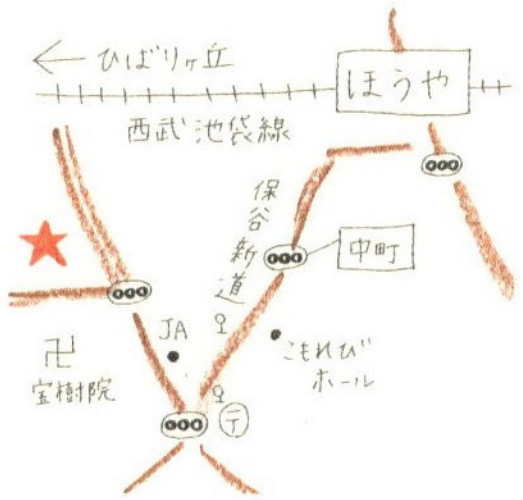

西東京市泉町 2-12-19
042-422-3316
西武池袋線保谷駅からバスで「保谷郵便局」
下車８分
9：00～18：00
日休

１９８４年のある日のこと。よれよれのTシャツにGパン姿、ヒッピー風の若者が訪ねて来た。手に持っていたのは、卵と砂糖。「この材料でカステラをつくってもらえないか」と言うのだ。あちこちで断られた話を聞き、カステラ職人で先代社長の柳内清一さんは、快く引き受けた。

卵の泡立つ力だけでふわっと焼き上げるのが、本物のカステラ。油脂や余計な添加物とは無縁の、ポルトガルで生まれたお菓子だ。若者が持ってきた平飼いの鶏が生む元気な卵は、商品として安定こそしないが、清一さんは「弾むような卵」と絶賛。

ヒッピー風の若者の正体は「夢市場」を立ち上げた人たち。今はオーガニックスーパー「マザーズ」を展開することで知られている。以来、自然食宅配の「大地を守る会」などでも扱われ、カステラといえばパッケージの裏にある製造者「柳内商店」の名前を思い出す人もいらっしゃる

「カステラは飾りが何もないでしょう。だから、この焼き色が飾りなんです」と山田佳さん。1本900円、1切150円。

でしょう。

国産の材料でのカステラづくりに取り組んできて、もっとピンポイントで地元産のものをやりたい、と清一さんの三女で専務の山田佳さんは考えた。ありました、ありました。市内産の「めぐみちゃん小麦粉」。土ぼこりや雑草が苦情の対象となる休耕地をなんとかしようと始めたもので、「めぐみちゃん小麦の会」が栽培している。粗製糖、平飼い卵、麦芽水飴、はちみつとの配合を変えるなど試作を繰り返して「めぐみかすてら」ができあがった。

「しっかりとした粉だから、もちっとした食感に仕上がっています」。と、清一さんの隣で50年以上もカステラを見つめ続けてきた柳内てるよさんが、太鼓判を押す。

やさしくて力のあるおにぎりに出合える
まのめ

おにぎり。うれしい響き、ほっとする存在。ごはん粒がつぶれることなく、一つひとつ粒のまま、仲良くまあるく結合している。かわいい姿かたち、やさしい味わいながら、生命力みなぎるような力強さがある「まのめ」のおにぎり。

大切な素材のお米は2種類。千葉県・川島自然農園の合鴨農法の「ひとめぼれ」。もみのまま保管して、注文を受けてからもみをはがすので夏場も味が落ちることがない。もう1種類は、石川県小松市にあるジャパンファームの「こしひかり」。ハーフ&ハーフにして炊いている。

具材もすべて手間ひまかけた手づくりで、訪ねた日はおにぎり担当のお母さん・保土沢康子さんが、しその実を塩漬けと佃煮にするべく下処理をしているところだった。どの具材も、佃煮でさえ砂糖は使わず、発酵調味料「味の母」でふくよかな風味を醸し出している。一番人気の「梅」は、自家製の梅干し。奈良県から

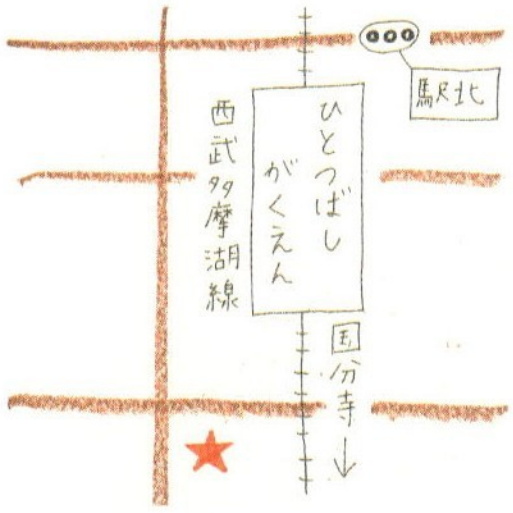

小平市学園西町 1-20-20-1F
042-344-2130
西武多摩湖線一橋学園駅南口から
徒歩1分
7：00～19：00
土 9：00～19：00
日祝 11：00～18：00
店内での飲食 11：30～18：00
水休

100キロの有機梅を取り寄せて、府中に住んでいる長女・美詠さん宅で漬けている。とっても酸っぱくて塩辛くて、ごまかしのない昔ながらの懐かしい梅干しだ。

お惣菜とお菓子をつくるのは、三女・千詠さん。新しい感覚の野菜使いに年配のお客さんからつくりかたを聞かれることも。野菜は、千葉県香取市の「くりもと地球村」から届くほか、自転車で行ける距離の農家「百姓たなか」でも購入する。

からだにいいものを伝えるお店の形態を考えたとき、普通の人たちに来てもらいたいと、気軽に1個から買えるおにぎりが主役、のカフェのようなお店が生まれた。「主食のごはんが一番大事です」という思いはちゃんと伝わって、朝はサラリーマン男性が朝ごはん用、OLさんがお昼ごはん用に、2個3個買って行ったり、毎日のように通う人もいる。

禁煙／カウンター／予約／貸切
テイクアウト／イートイン
アレルギー対応

つくりかたを教えてもらいました。

おにぎり用のごはんをお鍋で炊くコツ

材料
・おいしいお米
・梅酢

1. お米をといで水加減をしたら、梅酢をほんの少しだけ入れる。
2. 水は少なめ、浸水時間も短くてOK。
3. 強火にかけ、ふいたらすぐ弱火にして10分炊く。
4. 火を止めて、15分蒸らす。

＊「まのめ」では、炊飯器ではなく底が厚くて重い7層のステンレス鍋を使用。
おうちにあるできるだけ底の厚いお鍋でやってみましょう。

自家製味噌のお味噌汁、お惣菜、香の物と野草茶の「おにぎりセット」370円は好きなおにぎりといっしょに。お惣菜は日替わり。写真は、きのことネギとししとうと厚揚げの煮物、グリルした里芋と茹でたのらぼうの胡麻油和え、小えびと青のり入り卵焼き、かぼちゃ・ルッコラ・人参・いんげん・玉ネギのピーナッツ和え。

パンは恋人 column4

「パンは恋人」。この5文字を綴ったのは、私の母・弘子さん。

弘子さんは、42歳のときに脱サラをしてパン屋で修業をして、その6ヶ月後にはパン屋の店主となっていた。朝起きたら「今日からパン屋に修業に行きます」との置き手紙があり、眠い目をこすりながら読んでぶったまげた。開店に当たってお願いされたことがひとつだけある。「店名を考えて」。父がいなかったので妹と3人、パン屋の家族頑張ろう、という思いを込めて「パン工房　パイントロー」とした。フランス語風に「パン3つ」。会社人間で終わるまい、自分で店を持とうと決心しパン屋に走った弘子さんに、今でも拍手を送っている。外国産小麦粉とイーストを利用したパン屋で、銅鍋でつくるなめらかなカスタードクリームが入った「クリームメロンパン」、朝からよく売れたサンドイッチ、どれもおいしかった。早朝から夜遅くまで、休みは皆無。パン屋とはなんて大変な仕事なんだと思う日々の中で、工房の引き出しから走り書きの詩を見つけた。母が仕事の手を休めて綴ったもので、そのタイトルが「パンは恋人」だったのだ。

パンに使うイーストは、天然酵母と相対するものと思いがちだが、そうではない。イーストとは英語で酵母のこと。ビールを発酵させるのがビール酵母ならば、パンを発酵させるのがパン酵母。このパン酵母の仲間に、自家製酵母・イースト・天然酵母がある。この順番は古くから存在した順番で、ぶどうやりんごなど素材から自分で酵母を起こす自家製酵母はそりゃあもう大昔から。文字通り、自家製だからつくる人やお店の個性が強く出るのが魅力。

1987年ごろ、購入できる天然酵母は「ホシノ天然酵母」「バックフェルメント」「楽健寺」の3種類だった。「楽健寺」の種を分けてもらってハマったことがある。りんごと人参と山芋をすりおろして加えて酵母を育てるのだが、自然の甘みの香りがいいパンになる。冷蔵庫の瓶に入った酵母ちゃん、いとしかった。つくりながら、天然酵母のいいところは、国産小麦と相性がいいことだと気づいた。

現在、購入できる酵母はさらに「白神こだま酵母」（八王子市）と「あこ天然酵母」（多摩市）が加わった。「ホシノ天然酵母」（町田市）とともに多摩地域にゆかりがあり、多摩の天然酵母御三家！　それぞれに活躍している。

天然酵母パンの代名詞のような「ホシノ天然酵母」（有限会社ホシノ天然酵母パン種）は1951年に誕生。お米由来の酵母で、国産小麦・米・こうじ・水でゆっくり育てられている。1998年に登場した「白神こだま酵母」（株式会社サラ秋田白神）は世界自然遺産に登録されている白神山地の腐葉土の中から、工学博士・小玉健吉氏と秋田県総合食品研究所の共同研究によって発見されたパンに適した酵母。当初、秋田県外不出だった酵母だが、八王子市でパン店を営む大塚せつ子さんがラブコールをして広がった。「あこ天然酵母」（有限会社あこ天然酵母【あこ庵】）は2004年に誕生した新しい酵母。あこの「A」は、ホシノ天然酵母の創始者である星野昌《あきら》氏のA。「K」が、昌氏に長年師事した酵母職人・近藤康弘さんのKで、近藤さんが育てた酵母だ。国産小麦・国産低農薬米・水で培養している。

使う酵母の種類、小麦粉の種類、材料の組み合わせで出来上がりが違い、同じレシピでもつくる人、オーブンで個性が表れるのがパンづくりのおもしろいところ。

本書では、パン屋さんにもたくさんご登場いただき、レストランで自家製パンをつくっているお店もあり、多種多様なパンに出合った。フランス、ドイツ、イタリアのパン、インドのチャパティやプーリなど、多摩にいながらにしてパンで世界旅行ができてしまう。お米の粉でつくるフランスパン、和パンという新しい分類も発見。

パン屋さんの多い多摩は、パンに恋する人が多いまち。

YOUR《ユア》 BIG《ビッグ》 FAMILY《ファミリー》

古材があたたかな居心地の、まちの縁側のようなお店

福祉の仕事と、自然食レストランなどで飲食系の仕事をこなすフリーターだった宮武満紀子さんが開いたコミュニティレストラン。２００９年春のオープンだが、ずっと前からここにあるように東久留米のまちに溶け込んでいる。

ヘルパーの仕事で、うつ病やさまざまな病気と闘っている人と接してきた宮武さん。不自然な現在の食生活も原因のひとつだと思えてならなかった。食事を変えれば防げることや治ることもあるのではと考え、野菜中心の食事を食べてもらえる、車いすの人やおばあさんひとりでも通えるお店を開こうと立ち上がった。

伝えたい食事は、肉や化学調味料、白い砂糖を使用しない、心がおだやかになるメニュー。所沢市の関谷農園から無農薬・無肥料で育つ野菜、市内のＮＰＯ「くるめ・一歩の会」の畑から届く野菜をふんだんに使う。「動物を使わないとんこつ風ラーメン」は見た目も香りもまさに、とんこつ。野菜の旨味がとけ込んだ「豚」なしスープは全部飲み干せる。

夜は「そば田楽」「大豆肉の味噌カツ」「天然酵母日替わり自家製ピ

名物「動物を使わないとんこつ風ラーメン」850円。

豆乳と寒天とてんさい糖でつくる「豆乳ブリュレ」250円。

つくりかたを教えてもらいました。

野菜だけでつくるスープストック

野菜の外葉や切り落とした頭や根っこを使うので、無農薬・無肥料の野菜でつくりましょう。

材料
・キャベツの外葉
・人参や大根の頭やしっぽ
他に、ブロッコリーの芯、切り干し大根の戻し汁、小松菜のゆで汁

1. 材料を鍋に入れて、野菜がすべて浸かる程度に水を加える。
2. ことこと煮出して、こしたらできあがり。

ザ」といった一品メニューも登場。ワインはフェアトレードで、南アフリカの子どもたちの教育支援になる「ココア・ヒル」、黒人女性の経済的自立を目指して生産される「オールド・ヴァインズ」があり、ビールはパレスチナの「タイベビール」など4種類。

「楽に生きられるヒントをここで見つけてもらえたら」と、町の情報を集め、本棚には食や福祉に関する書籍が並ぶ。

料理教室を開いて、との声に尻込みしている宮武さん。「素材のおいしさに助けられているだけで、手抜きがバレてしまいます」。あら、ならば手抜き術をぜひ。それも、楽に生きるヒントのひとつですから。

禁煙／カウンター／予約／パーティー／テイクアウト／アレルギー対応／バリアフリー

「日替わり定食」870円。ごはんは「黒米入り発芽玄米ごはん」。自家発芽させ圧力鍋で炊き上げていて、ふっくらやさしい食感。高野豆腐のハンバーグ、里芋のピーナッツみそ、茎わかめとニラの甘辛炒め、けんちん汁。

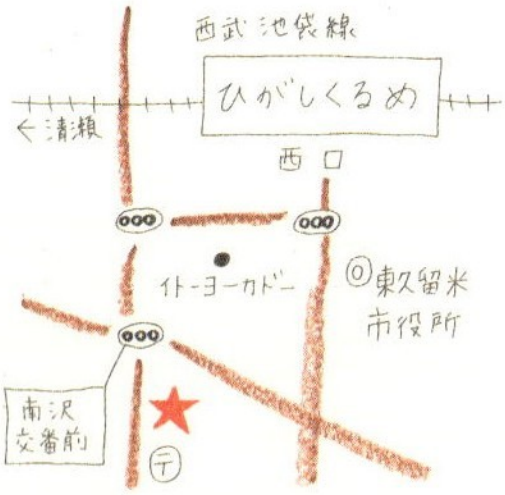

東久留米市中央町 1-1-48
042-479-4350
西武池袋線東久留米駅西口から
徒歩８分
11：30〜16：00
18：30〜21：00
金土〜22：00
＊３名以上はできるだけ予約を
月・木・日休

からだにやさしい、新しい四川料理

中国四川料理　枉駕《おうが》

ランチは 1000 円〜、ディナーのコースは 4000 円〜。

東久留米市東本町 14-11
貫井東本町ビル 1F
042-474-8970
西武池袋線東久留米駅東口から徒歩３分
11：30 〜 14：00
17：00 〜 21：30（21：00LO）
火・水休（祝は営業）

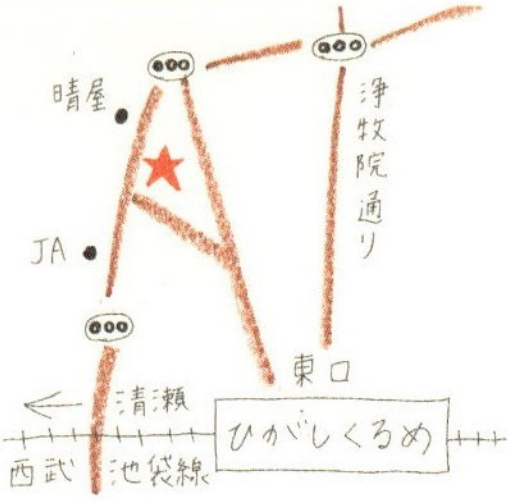

今一番おいしい季節の野菜を少しずつ味わえる「野菜のおつまみ盛り合わせ前菜」。四川料理の持つ辛く濃い味のイメージを超越する料理の入口のひと皿は、控えめにそっと咲く野の花のよう。

上白糖、精製塩、化学調味料を使わないということは、豆板醤など四川料理に必ず使う調味料までを自ら手づくりするということ。手間を惜しまない誠実さが、からだにやさしいおいしさの元となっている。

通り向かいの自然食品店「晴屋」で有機栽培のゴマに出合って以来、気づいたことを実践して、だんだんオーガニックの密度が濃くなってきた。「無農薬の野菜づくりに取り組む農家の方のお仕事ぶり、きれいな生き方に近づきたい」。背筋がのびるようなきれいな料理とともに、シェフ・本多さんのこのことば、しみじみ味わった。

禁煙／要予約

ランチのプティコースは1800円、ディナーコースは3300円〜。手前の料理は「サーモンのグリル」。サーモンもサフランライスも野菜にかくれんぼ。

レストラン　アルブル

自称食いしんぼうシェフの気軽なフレンチ

大人が自分の時間を大切に過ごすことのできるレストラン。シンプルな店内は、ふわっと心地よいぬくもりを感じる。特別な日も友だちとの会食も、ひとりでもＯＫの、地域密着の親しみやすさが魅力。

清瀬市の人参を始め、赤茎ほうれん草、チンゲン菜など地場産をふんだんに使ったメイン料理に思わず言ってしまうでしょ、「わ、きれい」。オーナーシェフの古川博己さんが畑で自転車のカゴいっぱい買い出してきた野菜たち。きれいなだけでなく、パワーを感じる料理に仕上がっている。

魚料理は、白ワインと生クリームでつくるヴァンブランソースが定番。今日のおすすめの魚とソースと添えられたサフランライスを好きに絡ませながらいただくのだが、これはぜひ白ワインと。いや、赤ワインもいいかも。グラスは６００円〜、ボトルは３０００円〜。

禁煙／予約／貸切／パーティー
子どもは7歳から

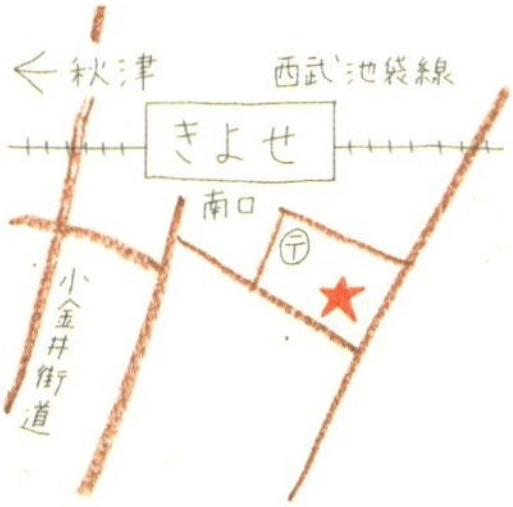

清瀬市松山1-4-17　山加ビル1F
042-492-7800
西武池袋線清瀬駅南口から徒歩2分
11：30〜15：00（14：00LO）
17：30〜22：00
（21：00最終入店）
月休

野菜いっぱいの食事を庭の緑を眺めながら

カフェレストラン　ガーデンテラス

ランチの「季節の野菜のお食事セット」1600円。献立は月替わり。食後に国産小麦粉のシフォンケーキ付き

「東村山はまだまだ農家がたくさんあって、農産物が豊富です」と店主の高野哲《さとし》さん。元々はイタリア料理を提供するレストランだったが、野菜が注目されるであろう未来を予測して、いや、そういう未来を願って、「野菜が主役の家庭料理」を展開するようになった。昼も夜も食事メニューは「季節の野菜のお食事セット」(夜2000円)と「野菜ビーフシチューセット」(昼1700円、夜2200円)の2種類。いずれも、定食スタイルで運ばれてくる料理に加えて、カウンターに並ぶ野菜料理、パスタ、漬物などをバイキングで楽しめ、いろんなものを少しずつ食べてもらいたいという気持ちが伝わる。運ばれてくるセットだけでも満足できるのに、このプラスアルファが、選ぶ楽しみもくれる。

庭には、梅、みかん、ゆず、かりんが実る。梅は梅酒に、みかんはたくさんなったらおみやげに持ち帰れるそう。

禁煙／予約／パーティー

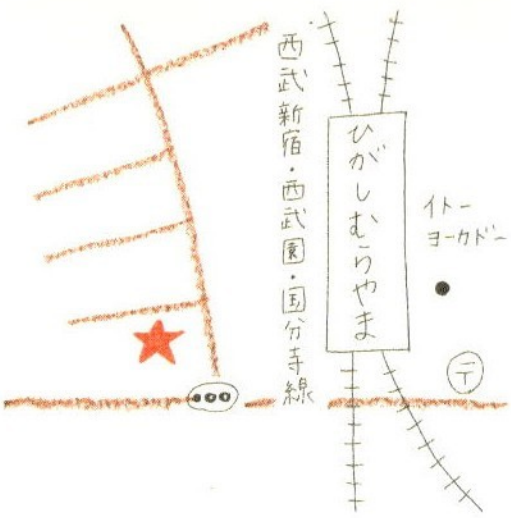

東村山市野口町1-25-14
042-395-7353
西武線東村山駅西口から徒歩3分
11：30～15：00（14：00LO）
17：00～21：30（20：00LO）
月休

「有機玄米菜食」1500円。玄米ごはん・蕎麦実入りスープ・お試しサイズの梅しょう番茶・金時豆のセイタンハンバーグが基本メニューで、これに日替わりのおかずが3品。

ナチュラーレリッコ

玄米菜食と季節のパスタ

散歩やランニングの人が爽快に往来する、多摩湖自転車道のすぐ近く。からだがよろこぶパスタや玄米ごはんが食べられるレストラン。「からだにやさしい、健康を考えたものを提供したくて」と語る、店長の石塚さんとマクロビ担当の吉田さんが仲良く営んでいる。

開店当初は生ジュースがメインだったが、お客さんのリクエストのもと、パスタの種類がどんどん増えて、季節ごとにさまざまなメニューをつくる。2年ほど前からは、マクロビオティックを学んだ吉田さんが「有機玄米菜食」「有機玄米リゾット」そして「マクロビスイーツ」をつくるようになった。「マクロビオティッ

東村山市栄町 3-16-27
042-393-5555
西武多摩湖線八坂駅下車すぐ
11：00 〜 18：00
＊ディナーは 10 名以上のパーティー予約のみ
月休

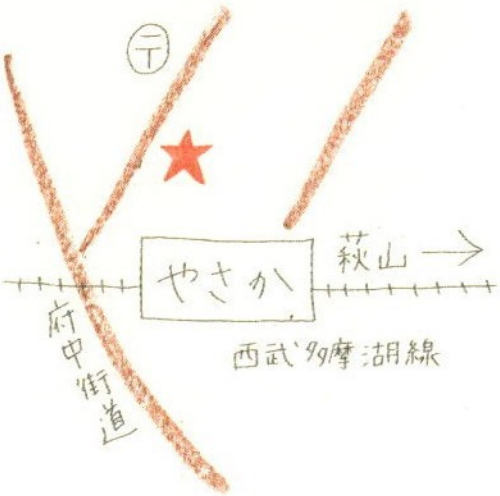

クって何？」という地元の人に分かりやすく伝えていて、気軽に始められるよう調味料など食材も販売している。「玄米を求めて通う、男性のひとり客が意外に多くて」。思いがけない広がりに、じわっと手応えを感じているそう。

分煙／カウンター／予約／貸切
パーティー／テイクアウト
自然食料品販売コーナーあり

ゆうすげ
野火止用水近くの自宅レストラン

昔ながらの日本の工法で、日本の木でつくられた店内は、丸みのある漆喰の壁がやわらかくあたたかい。元保育士の山下紀子さんが「杖をついたり車いすを使う人にも来てもらえる、地域に根ざした場所をつくりたい」と、野火止用水が近い住宅街に開いた自宅レストラン、

「食はいのちの源ですものね」。家族のためにつくるように、バランス良くからだにいいものをと心を尽くす。旬の野菜は東村山市の小山農園から、お米は低農薬のものを東大和市のお米屋「山崎米店」さんから。

メイン料理は、和と洋の2種。メニューを考えるのがひと苦労とのことだが、食べることが好きな山下さんは、居酒屋で変わったものを注文するなどアンテナを張っている。

季節ごとのお寿司は定番で、ひな祭りにはちらし寿司、5月には庭の柿のやわらかい葉でつくる柿の葉寿司、秋は秋刀魚の棒寿司が登場する。

禁煙／予約／貸切／パーティー
テイクアウト／バリアフリー

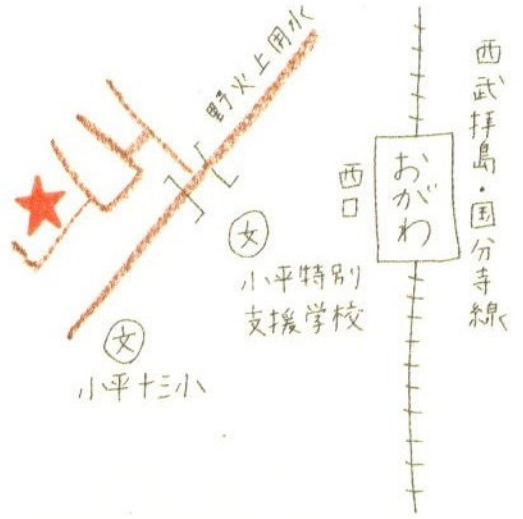

東村山市富士見町 2-19-23
042-395-7579
西武線小川駅西口から徒歩 20 分
11：30 ～ 16：00
水・土・日・祝休
＊車で来店の場合は連絡を

デザートとコーヒーまで付く「今日のランチ」1000 円。お味噌汁は毎冬仕込む自家製味噌を使っている。

東京の北西の端っこで日本茶のある時間

日本茶カフェ　茶　かわせみ

日本茶に合うスイーツ、「黒五ブランマンジェ」350円

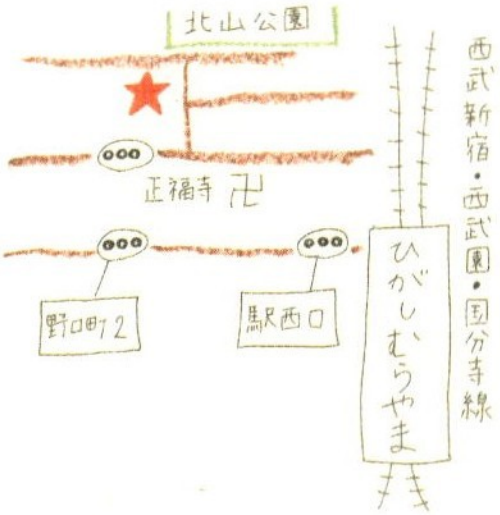

東村山市野口町3-42-18
042-392-5590
西武線東村山駅西口から徒歩20分
9：00～16：30（10月～3月）
9：00～17：30（4月～9月）
木、第3水休

こんもりとした八国山が見えると、「♪トットロトットロ～」思わず鼻歌が出てしまう。めざすは北山公園関場橋入口角にある和カフェ。日本茶インストラクターの紺野章子さんと、楽しいご主人があたたかく迎えてくれる。自宅1階にしつらえられた空間は、奥がカウンター席。靴を脱いであがるので、一度座ると落ち着きすぎて根が出てしまう。小腹がすいていたら「粥セット」（限定10食　650円）を。土鍋でことこと煮た日替わりのお粥に野菜の煮物、漬物、飲み物が付く。野菜は、目の前の直売所などで調達していて「とてもおいしくて安い。小松菜と里芋がおすすめですよ」。

国分寺市恋ヶ窪駅近くの茶畑で栽培されている松本製茶工場の「国分寺茶」（450円）が珍しい。特深蒸しでコクが広がる銘茶だ。

分煙／カウンター／予約

ぷらーと
酵素玄米のプレートランチは、食の先生

「わっ」と歓声をあげてしまうほど彩り豊かな「本日のワンプレート」が、今の季節はこんな野菜料理がおいしくていいですよ、と語りかけているよう。茨城県石岡市の有機農家「魚住農園」から週に1回どっさりと届く野菜を使って生まれる料理は、野菜のおいしさと栄養が最大限に生かされている。

深秋のある日は、大根のピリ辛煮、レンコンの柚子皮入り海苔巻き揚げ、人参と長芋などをサンチュで巻いて柿ドレッシングをかけて食べるサラダなど。メインのおかず「グルテンの酢豚」は、ピーマン、甘長唐辛子、干ししいたけ、なんと青パパイヤまで。「ボリュームはあるけれど、ちゃんと夕方にはお腹が空く献立です」と店主の小須田光子さん。主食の長岡式酵素玄米とは無農薬の玄米と小豆を専用の圧力釜で炊く玄米ごはんで、消化吸収が良く、噛むのが苦手な人や赤ちゃんの離乳食にもピッタリ。

「60歳を過ぎて、人が集える場所をつくりたいなと思い始めたのです」と、長年福祉の仕事をしてきた小須田さん。食べることもつくることも大好きな、料理名人。いっしょに切り盛りするのは荒川瑞枝さん。店内のコーディネーターとして雰囲気づくりを受け持っている。

珪藻土や柿渋など自然素材を使って住宅をリフォームしたお店は、高原の山荘のよう。ウッドデッキなら風を感じるひとときが過ごせる。

禁煙／カウンター／予約／パーティー
テイクアウト／アレルギー対応
バリアフリー／薬膳教室開催

夏のある日の「本日のワンプレート」1050円は週替わりで、同じおかずに出合うことはほとんどない。

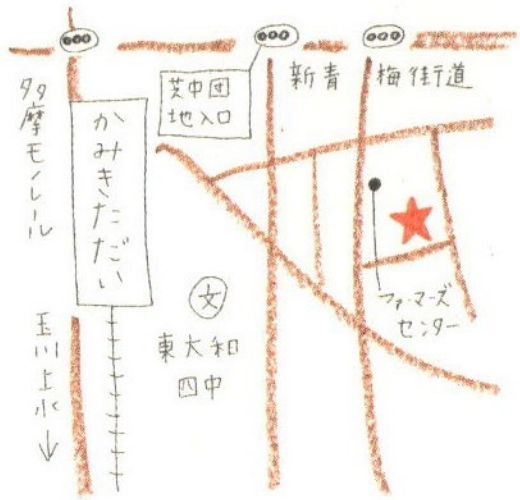

東大和市立野1-949-13
042-566-5256
多摩モノレール上北台駅から徒歩７分
水木日11：30～15：30
営業日以外のランチとディナーは
８名以上は１週間前までに予約を。
コース料理は2500円～。

YOSHI veggie《ヨシベジ》／樫《かし》の木食堂 &CAFE

樫の木の森は、未来につづくおいしく豊かな森

マクロビオティック、パーマカルチャーを学び、自然食レストランのシェフとして活躍したのち、緑が豊かな武蔵村山市に移り住んだヨシさん。２００３年に埼玉県の「阿里山cafe」でインタビューさせていただいたとき、「新しいことを今計画中なんです」と話してくださった、生き生きとした表情がよみがえる。

新しいことをはじけるように展開している。「樫ノ森」をいう屋号でひとつところにお店は構えず、ワークショップや出張料理やケータリング、飲食店のレシピ開発など、幅広い分野でヨシさんが伝えたい食のスタイル「ヨシベジ」を伝えている。

拠点となるのは武蔵村山市内にあるヨシハウス。ハーブが育つ日当たりのいい小さな庭があり、料理ワークショップは主にここで開かれる。

「樫の木食堂」とは、国立市の「スタジオ凛」で料理教室を開いたのがきっかけで、隣接する「WAVE《ウェイヴ》」（月〜木の昼のみ営業する手打ちうどん

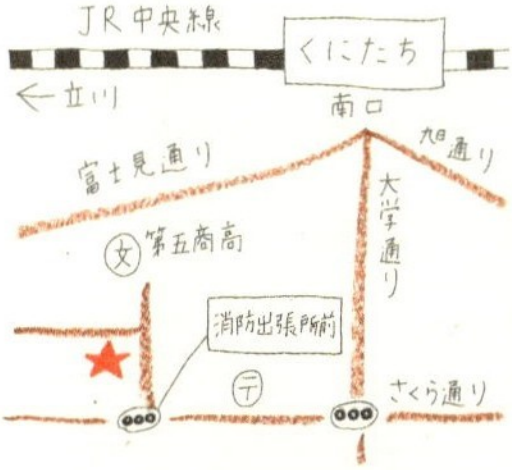

料理ワークショップを開催するヨシハウスは、武蔵村山市
042-531-4825
樫の木食堂＆ CAFE は、国立市富士見台 3-4-1　スタジオ凛内にて
金土 11：45 〜 18：00（出張などで臨時休業あり）

の店）を利用して、ウイークエンドのみ開店する食堂。9席のカウンターの中で、時々野菜に話しかけながらリズムに乗って料理するヨシさん。今日はどんなメニューかしらと私たちが楽しみにする以上に、ヨシさん自身が今日は何をつくろうかしらと楽しくてしかたないようす。

主役となる野菜たちは、ヨシハウスに近い「ひるま農園」から分けてもらう。ひょうたんの形をしたプチトマト、紅大根、白くて青い大根、ゆず、3色いんげん。「ふぞろいな方ができあがりがいい顔になるから、野菜を見ているとわくわくします」とにっこり。故郷・長崎県諫早市でご両親がつくる自家菜園の野菜も時折届く。

さあて、次はどんな新しいことを考えてくれるのでしょう。

禁煙／カウンター／予約／貸切
パーティー／テイクアウト／通販
アレルギー対応

つくりかたを教えてもらいました。

野菜のオーブン焼き

材料
- 旬の野菜たち
- オリーブ油

1. トントントンと野菜を輪切りにして、塩コショウをまぶす。
2. フタ付きのダッチオーブンにオリーブ油をひき、両面をじっくり蒸し焼きにする。

ヨシさんは南部鉄器のダッチオーブン（フライパンタイプのもの）を使用。
とっても重いけれど、できあがりの味が重くてよかったと思えるほどおいしい。

「本日のヨシベジ定食」1200円。黒米と、はと麦入り玄米ごはん、仙台麩とかぶのヤシ砂糖煮、レンコンのゴマきなこだれ、コリンキーとグリーンのサラダ、わかめと豆腐のスープ。食後には、「さつまいものココナッツ風味のプディング」。オーガニックコーヒーは＋200円。

お菓子工房　Home

ミネラル豊富＆おいしい砂糖の素朴なドーナツ

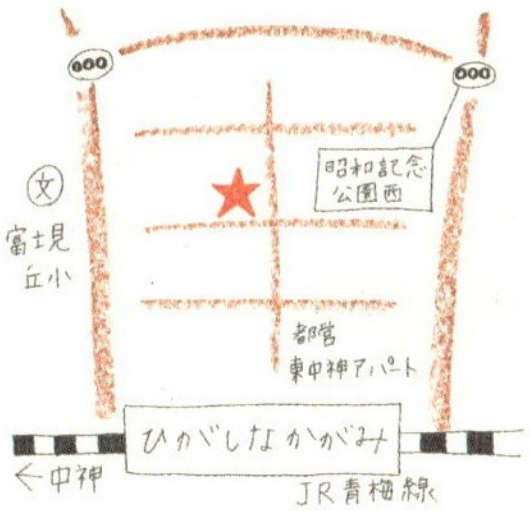

昭島市福島町 1011-13
042-507-9256
JR 青梅線東中神駅から徒歩３分
11：00～19：00
水、第２・４木休

静かな住宅地の一角に、ひょこっと現れるスイーツショップ。店内の一番いい席に並ぶのは、ドーナツ。はじけるように元気な店主・堀切亜育《あそか》さんが、蕎麦のこね鉢で長野産の薄力粉と中力粉を混ぜて毎日手でこねて型抜きしてつくっている。

ザクサクッとした食感の「洗双糖ドーナツ」（１４０円）、サクッふわっとしている「きび砂糖ドーナツ」（１３０円）。砂糖大根と呼ばれるてん菜からつくるお砂糖の「てんさい糖ドーナツ」（１４０円）は、甘さにコクがある。「精製や漂白した白いお砂糖よりも、私が好きな茶色いお砂糖は、ミネラル分がたっぷりで、からだにやさしくておいしいんです」。食べ比べてみると、そりゃもうびっくりするくらい違いが分かる。

かつて働いていた福生市の「カフェ・ドゥ・ジャルダン」で、おいしくかつ安心できる素材に出合った堀切さん。地元のものを使うよう心

洗双糖ドーナツ
精製、漂白などの処理を一切していないのでミネラルがたっぷり!! 特にカルシウムは上白糖の約50倍もあります。
砂糖液を遠心分離にかけ、糖蜜と結晶に分けたこの結晶が洗双糖になります。
サクサクの外側とふわっと軽い食感がやみつきになるドーナツです。
1つ ¥140
季節限定
かぼちゃドーナツ
¥180
シナモンシュガードーナツ
ピュアピュア

がけていて、卵は市内の指田さんから、かぼちゃやブルーベリーも直売所で分けてもらっている。ドーナツの揚げ油はオーガニックのショートニング（トランス脂肪酸フリー）。お客さんに素材のことを少しでも伝えたくて、砂糖の説明を分かりやすくかわいく綴った手書きのフライヤーを作成している。

ドーナツだけではなく、焼き菓子も種類が豊富で、少しだけ生ケーキも。手のひらサイズのバースデードーナツ（1000円）もある。

禁煙／イートイン

農家のイタリアン　3・14

土からつくるイタリアン

「自家製野菜とモッツァレラチーズのピッツァ・ビアンコ」1680円と「本日の海の幸スパゲティ」1850円。

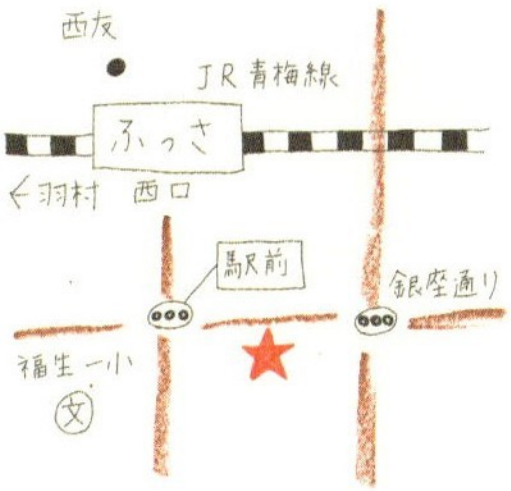

福生市本町 110
042-530-0815
JR 青梅線福生駅西口から徒歩２分
11：30 〜 15：00（14：30LO）
18：00 〜 23：00（22：30LO）
月休

開店当初から無農薬野菜を使いたいと、知り合いの農家から分けてもらっていた。「15年前、畑を訪ねたときに野菜がどう育つか知ってるか、と聞かれまして。答えられなくてね（苦笑）」と、オーナーシェフの池和田正美さん。野菜を扱う料理人として知らなくてはいけない、知るには自分でやるしかないと、畑を借りて土づくりから始めた。失敗もしながら、ハーブや季節の野菜をつくっている。

幅広い年齢層の福生のニーズに応じた料理を目指し、オリーブオイルを控えたり、ゴマ油や醤油など和の素材も使用する。が、本場の味や心意気がベースにあり、スタッフとともに年に一度はイタリアを訪ねて、シチリアの天然海塩の製造体験もしている。

予約／貸切／パーティー／テイクアウト／アレルギー対応／バリアフリー

銀座通りのグッドステーション。気さくなバール

3・14 バール

右ページの「3・14」からほんの5メートル先、次の角にある姉妹店。「バール」とはイタリアの普段づかいのカフェで、エスプレッソ1杯、お昼にサンドイッチ、夜はビールやワインでくつろげるまちのリビング的存在。

　野菜を始め食材は同じ。レストランの厨房でつくられるものがショーケースに並び、好きなものを選んであたためてもらうシステム。「ランチセット」（950円）は料理を2品選べる。訪ねた日はパスタの他にガッツリ系「ミラノ風カツ丼」、フォカッチャでつくる具だくさんサンドイッチの「パニーノ」も。これにサラダorデザート、飲み物がつくお値打ちメニュー。

　「銀座通りの買い物がてら立ち寄るお年寄りも多いですよ」と、スタッフの川村もえさん。日替わりの「イタリアン・ランチ・ボックス」（680円）は売り切れごめんの人気者。

予約／貸切／パーティー／テイクアウト／アレルギー対応／バリアフリー

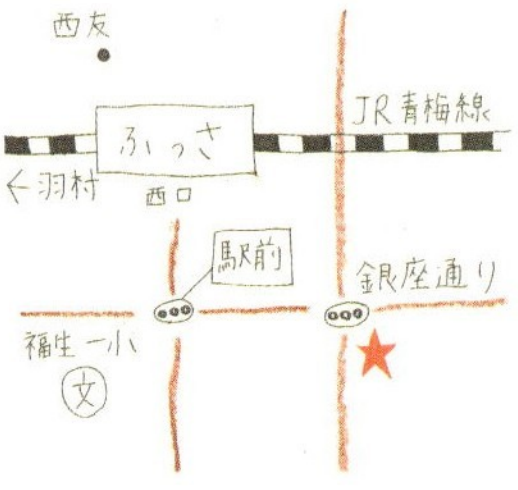

福生市本町 105
042-552-4314
JR 青梅線福生駅西口から徒歩２分
10：30 ～ 17：00
月休

梨園の青空カフェ column5

長十郎という名の梨。赤茶色で、子どものころ梨というとこれだった。遠い記憶のこの梨が武蔵村山の梨畑にあり、もぎとり＆梨アイスティーがふるまわれる「青空カフェ」が開店すると聞いて、いそいそと出かけた。

カラッと晴れた夏の日曜日。JR 青梅線の昭島駅から 20 分ほどバスに揺られて、梨畑があるひるま農園さんへ。樹齢 100 年以上の大きなイチョウにすっぽりと包まれるような木陰に「青空カフェ」が設営されていた。昭島の雑貨店「パトアシュ」の店主・藤田さんが営む１日カフェ。ハンモックゆらゆら。アナログレコードで音楽ゆるゆる。これが田舎の夏のにおいかしらと深呼吸をしてみる。

梨もぎは、専用エプロンをしてふかふかの畑に入って行く。低木なので少しかがみながら上を見て赤く色付いた梨を探す。ある、あるある、赤いおいしそうな梨。エプロンにはカンガルーの袋のようなポケットがあって、もいだらほうりこむ。お腹がどんどん梨でふくれて重くなって。バスと電車を乗り継いでの帰路を思うと、たくさんは無理だけどもぐのは楽しいしで、ぐっとがまんして約２キロを収穫。

カフェのテーブルにペティナイフとお皿が用意され、もぎたてをむいて食べる。太陽のぬくもりが残ったぬくい長十郎、歯ごたえがあって懐かしい甘さだった。野菜といっしょに自家採取の貴重なはちみつも並んでいた。ハチたちの越冬の蓄えとして巣にみつを残しておくのだが、春になってそれでもなお巣に残っていた貴重な越冬はちみつ。

たっぷり遊んで、梨と野菜とはちみつをリュックに詰めて、また来年来ますねと畑を後にする。宅配本の「サンタポスト」さんと出会ったり、帰り際に夏の大掃除を終えて遊びに来た「ゼルコバ」のスタッフのみなさんとすれ違ったり、「YOSHI veggie／樫の木食堂 &CAFE」のヨシさんとはニアミスだったと後から知った。

藤田さん、来年はビールもメニューにぜひ。大イチョウの木の下で、出会ったみなさんと乾杯できたらいいな。

＊多摩には旬の果物（ブルーベリー、ぶどう、りんごなど）を摘んだりもいだりできる農園があちこちに。好みのお茶を水筒に入れて出かければ、どこでも青空カフェになる。

直売
Pアリ
One day 青空カフェ

ハチミツ
1000円
2000円
地粉
500円
武蔵村山産の小麦
400円

農村レストラン　四《し》季《き》菜《さい》

日本ならではの正しい食事をビュッフェで

朝食 680 円、昼食 1200 円、夕食 1500 円。

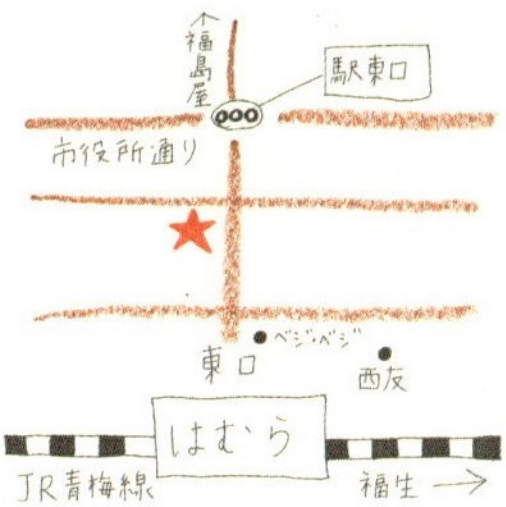

羽村市五ノ神 4-14-14　プラザイン羽村 1F
042-570-4401
JR 青梅線羽村駅東口から徒歩 1 分
朝食 7：00 〜 9：30（9：00 受付終了）
昼食 11：30 〜 15：00（14：15 受付終了）
夕食 17：30 〜 22：00（21：15 受付終了）
第 3 月曜の夜休（祝は翌日休）

「ごはんをおいしく食べてもらいたいビュッフェです」と取締役の福島由一さん。青森県「奇跡のりんご」の生産者・木村秋則さんのつながりでめぐりあった、農家さんのお米が主役だ。化学肥料、有機肥料、除草剤を使わない自然まかせの農法でつくられるお米を、大きな土鍋で炊き上げている。取材の日に並んでいたのは、玄米ごはん、白いごはん、さつまいもごはん。土鍋ならではのおこげにもほっとする。

自然栽培の自家菜園ではスタッフも畑仕事をしていて、収穫があればメニューに登場する。深い甘さの人参の天ぷらなど野菜のおかずを始め、国産小麦のうどん入りきのこ汁、自家製ポン酢でいただく湯豆腐、漬物まで、どれもごはんがすすんで困るほど。でも、おかわりは気兼ねなくマイセルフ。

本店のスーパー「福島屋」では、使用している調味料も購入できる。

禁煙（昼）／予約／貸切／パーティー

いつものパンと、季節を伝えるパンと

天然酵母パンとお菓子の店　グルースゴット

卵は、あきる野市にある「浅野養鶏所」のうみたてを使っている。金曜はライ麦パンの量り売りも。

20数年前から天然酵母と国産小麦を使う、パン屋の草分け的存在。ホシノ天然酵母、東毛酪農のミルクから培養する自家製ミルク酵母、多田製粉の国産小麦粉「醍醐味」など、基本材料はずっと変わらない。岩蔵温泉近くにパン工場を持ち、「アオティア」の名で「大地を守る会」や「ポラン広場の宅配」への卸し業務も行っている。

やさしい雰囲気の木づくりの店内には、奥多摩在住の作家さんにつくってもらったという木の棚にパンが並ぶ。トングで挟むと、どのパンも想像以上に重くびっくり。小麦粉をたくさん使った真面目な仕事だから生まれる、重み。

家でおいしく食べるコツを代表の高橋美樹さんに聞いてみた。「卵・油脂を使っていないパンは水分を飛ばさないようにホットプレートでふたをして焼くのがおすすめです。焼きたてのようなもちもち感が持ち上がってくるんですよ」。さっそく試してみると本当にもっちもちになって、ほっぺも「持ち上がった」。

通販／アレルギー対応

茶葉やジャム、ベビースキンケア用品の販売

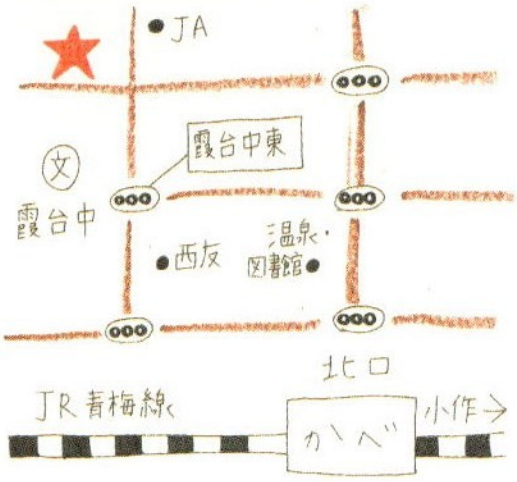

青梅市師岡町 4-7-40
0428-23-7838
JR 青梅線河辺駅北口から徒歩５分
9：00〜18：00
無休

石薪窯パン＆ケーキ　麦　muji《むじ》

薪の火が焼き上げる素朴で大きなパン

常福寺の参道を、看板を目印に歩く。時間によって、煙突の煙、パンの香り、あるいは猫のソルに迎えられて、こののどかな場所だからこそできる、石薪窯で焼くパンとケーキに出合える。

「遊びから始めたんですよ」と店主の渡辺芳子さん。最初はカチカチのパンだったのがだんだん上手くなって、分けてほしいと言われるようになった。以来17年、火とつきあい、温度と時間とパンの関係をからだで覚えてきた。

薪は、香りと火持ちにすぐれた落葉中の桜、楢、樫などを使うが、種類と量で燃やす時間が変わる。温度が最適になったとき、生地の発酵も

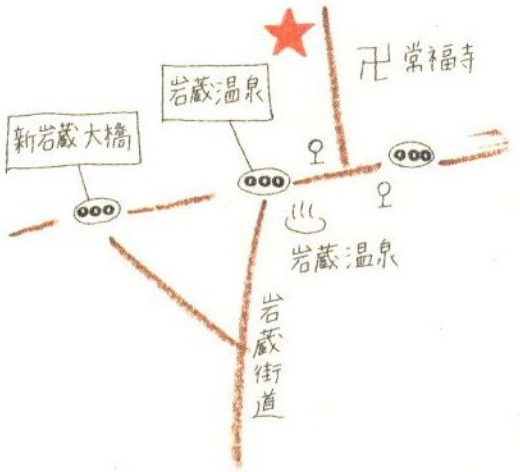

青梅市富岡 3-885
0428-74-4525
JR 青梅線東青梅駅からバスで「常福寺入口」下車５分
10：00～18：00
月休（祝は営業）、８月は休業

ベストであるという職人技。「スタッフは温度計を使うけれど、私は手を入れてみたら分かります」。

朝の4時に火を入れて、9時半に1回目、10時半に2回目が焼き上がる。パンの次にケーキ、ラスク、クッキーと、下がっていく窯の温度に合わせて焼いている。一番ベーシックな「プレーン」（大840円、小420円）は、卵・乳製品・油脂は使わない素朴な食事パン。パリッとした外皮の中はもっちりしている。

広々とした敷地にピザを味わうカフェをつくる計画が、ゆっくりと進行中。

貸切／パーティー／通販
買えるところ
若草公園近くオザム河辺店裏の北浜宅
駐車場（毎週火曜日2時〜夕方）

野菜と豆とスパイスでつくるインドの日々の食事

真木テキスタイルスタジオ・竹林Shop　竹林《ちくりん》Cafe

「手の仕事をしたくって」と真木千秋さん。糸を紡ぐ、染める、織る。そんな手の仕事が今も息づく国々を歩き、インドで縁が広がったことをやさしい笑顔でゆっくりと語ってくれる。

　気が遠くなるくらい時間のかかる仕事は、糸を手で紡ぐ、そういう生活がないとできないもの。インドに工房をつくり日本と行き来するようになって20年以上。青山のショップからここに移転するとき、遠くから来てくださるのだから食事をお出しできたらいいなと、真木さん自身が慣れ親しんでいる大好きなインドの食事を紹介するカフェをつくった。

「布をつくることも、食べることも、手の仕事ですものね」。

　日本にも糸を紡ぐ生活が確かにあった、そう思わせてくれる竹林の家。築２００年の養蚕農家の建物、庭にはゆずやお茶や筍、季節の恵みが自然に実って昔の暮らしが垣間みられる中、インド菜食がいただける。

　水曜は2種類のカレーとごはん＋サラダ、木&金曜はシェフのおまか

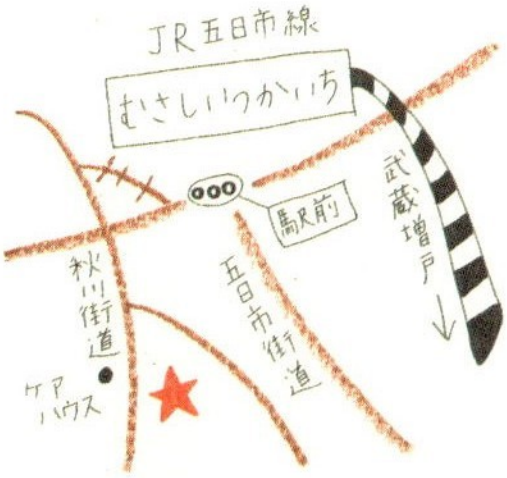

あきる野市留原 704
042-595-1534
JR 五日市線武蔵五日市駅から
徒歩 10 分
11：00 ～日没
(カフェ 12：00 ～ 15：00)
月・火休（インド研修のため
2010 年3月2日まで長期休業）

日曜の「2種のカレー+手焼きチャパティ+サラダ」と「チャイ+小菓子」のセット、1700円。小菓子は濃厚で甘い「バルフィ」。カシューナッツ、ピスタチオ、クルミ、スキムミルク、砂糖、スパイスなどが材料。お祭りのときに食べる特別なスイーツ。

せランチ、土&日曜は写真のようなチャパティとカレーのセット+サラダ(いずれも1300円)というように、曜日替わりで楽しめる。シェフのおまかせって? ラケッシュさんに聞いてみた。両手で丸形を表しながら「プーリ(油で揚げたチャパティに似たもの)をつくったりします」。自家菜園やご近所の畑で採れる野菜、栄養満点のお豆いろいろ、石でたたいてつぶすスパイスを使った、お肌がすべすべになる薬膳のような料理。「野菜の種類は日本もインドも変わらないですよ」とラケッシュさん。インドであつらえたステンレスの重い器に敷かれるのは、西表島から届くバショウの葉。原木は布に使う。

禁煙/カウンター/要予約

山里で酒と肴と蕎麦を楽しむ大人時間

旨酒と季節の酒肴　手打ちそば　雙柿庵《そうしあん》

特別な外ごはんなら、いっそ遠くへ足をのばすのはどうだろう。いつもは車の人も、電車に乗って。目指すは、大人がゆっくりと日本酒を楽しめる蕎麦屋。竹と石畳のアプローチ、進むほどに日常から遠ざかり、この山里にどんなお酒と料理があるのだろうかと期待がふくらむ。

開店当初は店主・渋田剛さんがひとりですべてをこなしていたが、客として何度も通ってこの店のファンだった佐和子さんがここで働きたいと申し出た。とても大変そうで、お手伝いしたいと思ったそうな。そうして剛さんは料理に打ち込めるようになり、今は手間ひまかけてつくるコース料理のみでもてなしている。

「さらしな粉で入れたそば湯でご

ざいます」。いつしか妻となった佐和子さんが運んでくれる。それはそれは心あたたまる接客。鈴木農園の小松菜を使ったすりながし、ゆずを練り込んだ炙り味噌、盛り合わせ(写真参照)はまるで1枚の絵のような、旬いっぱいの力を込めた作品だ。そばがき、だし巻の後、いよいよ「当店のメインディッシュでございます」と蕎麦が運ばれてくる。時はゆっくりと過ぎ、長い針がふたまわりもしていた。

日本酒は今しかのめないおすすめを聞くのがいい。半合ずつで注文できていろんな種類を味わえるのがうれしい。うれしくてつい杯を重ねて…。いけない、酔って肝心なことを伝えそびれては。蕎麦は、茨城県川田農園の玄蕎麦を石臼で自家製粉する粗挽きの10割手打ち。絶品。

禁煙／要予約／個室／アレルギー対応
5250円・7350円
車での来店、子ども不可

西多摩郡日の出町大久野 1487
042-597-3802
JR 五日市線武蔵五日市駅から
バスで「大久野中学校」下車 1 分
12：00 ～ 13：30（入店）
17：30 ～ 19：00（入店）
＊予約制
水・木休

たまご工房うえの

うみたて卵と、卵からうまれるおやつを買いに

ひと匙でしあわせが訪れて、思わず目を閉じてしまう「とろけるプリン」（230円）。苦めのカラメルが効いた大人味のプリンで、週末になると都心からもわざわざ訪れる人がいる人気者。

養鶏農家を切り盛りする手づくりが大好きなお母さん・上野ひろ子さんが、うみたて卵という目の前にある最高の材料を使い、趣味としてつくっていたプリンが始まり。「おいしいから販売してみたら」と言われたことがきっかけで、昔の家をリフォームして「たまご工房うえの」が誕生した。

卵黄をたくさん使うプリンだから、当然のごとく卵白が余る。その卵白で今度はこれまたお得意のロールケーキをつくろうということになった。北海道産小麦粉を使った、しっとりなめらかでシンプルなロールケーキ（1200円〜）は、プレーン、マロン、狭山茶、フルーツなど数種類。

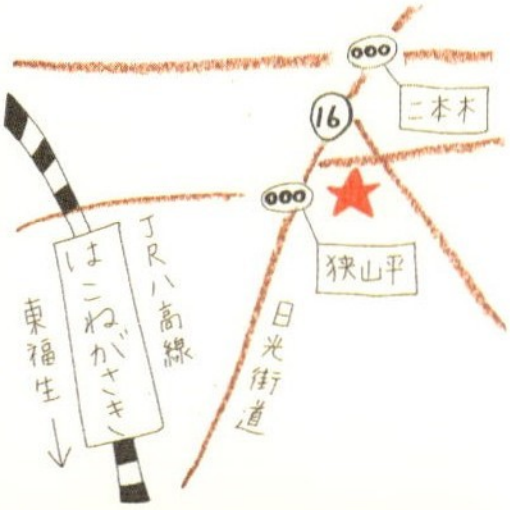

西多摩郡瑞穂町駒形富士山 133
042-557-0494
JR 八高線箱根ヶ崎駅から徒歩で約 30 分
駐車場５台あり
9：30〜18：00
無休

夫・勝さんの上野養鶏場では、ニンニクの粉末、パプリカを配合した飼料を取り入れていて、卵そのものが甘い。卵（1キロ440円）も買って生で味わうと、プリンとロールケーキのおいしさの理由がダイレクトに分かる。

驚くべきはこれだけの量を手作業で泡立てているということ。想像しただけで腕がつりそうになるのだが、「毎日ストレッチを欠かさず、筋肉を鍛えていますよ」。ひろ子さんの働き者の手で、心を込めてつくられる卵スイーツは、やさしくてパワフルなのだ。実は卵焼きもプロ級で、寄り合いなどに差し入れをするそう。いつの日かショーケースに卵焼きが並ぶ日がくるかも。

長女の桂さんが工房を手伝い、パティシエとして大田区で「パティスリー AKANE」を営む次女の茜さんは、経験を生かして応援してくれている。

予約／通販

おわりに

多摩のおいしいお店をおいかけてかけめぐる日々。取材の途中からおもしろいことに気づき始めた。わくわくするほどにお店がつながっているのだ。

例えば、立川の「ゼルコバ」さんで「珈琲夢職人」さんを教えてもらい、次に訪ねた「Café 玄」さんでゼルコバさんのパンに出合い、再び珈琲夢職人さんの話題になった。地元で根を張るお店のその根っこが、多摩の豊かな土の下でつながっていて、私はその栄養をもらって育っているんだと思えてくるほど。

お店では、写真を撮らせていただいて、たくさんお話を聞かせていただいて。ご登場いただいたお店あってのこの一冊。本当にありがとうございました。

メニューや商品のご紹介とともに、店主の思いも味わっていただけたらと願っている。

ある仕事で「多摩の食材」と題したコーナーを担当し、多摩の産地をめぐったことがある。野菜や果物だけでなく、卵も牛乳も豚も、あらゆるものがつくり出されるこの地を誇らしく思うようになったが、今あらためて、産地が近くにあるなんて、こんなにしあわせなことはないんじゃないかという気持ちが込み上げている。

かけめぐって収穫した大切な素材（写真と原稿）をていねいにテキパキと料理してくださったのは、けやき出版の腕利き料理人、編集者の小崎奈央子さん。素材の味が活きた飾らないシンプルな誌面づくりは、料理もこの本も同じスタンスだと感じる。「けやき出版」も登場いただいたお店同様、多摩に根を張る元気な出版社で「えこたま食堂」のまぎれもない1軒。ありがとうございました。それからこの本を手渡してくださる書店や図書館の皆さま、どうぞよろしくお願いいたします。

読者の皆さま、もしもどこかで出会ったら、おいしい話をしましょうね。

食いしん坊代表選手&エンゲル係数アップ推進委員会広報担当（たった今、就任）　松井一恵

さくいん

カッコ内は最寄り駅です。

Café

base café（吉祥寺） 6
yomo（三鷹） 10
happy DELLI（武蔵境） 14
Sana（三鷹） 16
C-Café（三鷹） 18
broom & bloom（武蔵小金井） 20
クルミドコーヒー（西国分寺） 30
Café　玄（国立） 32
桃栗柿カフェ（立川） 38
ゼルコバ（昭島） 42
ゆいまーる生活館（八王子） 53
ディープ フォレスト（八王子） 58
KICK BACK CAFÉ（仙川） 62
Café Sakura（聖蹟桜ヶ丘） 74
ガーデンテラス（東村山） 97
茶　かわせみ（東村山） 101
YOSHI veggie ／樫の木食堂＆ CAFÉ 104
3.14 バール（福生） 109
竹林 Café（武蔵五日市） 116

スイーツ

ことり焼き菓子店（三鷹） 8
くろねこ軒（国立） 26
たいやきや　ゆい（国立） 34
アルティジャーノ・ジェラテリア（百草園） 51

ハナユラカヒミ（八王子） 54
ナチュランド（永山） 78
柳内商店（保谷） 86
Home（東中神） 106
たまご工房うえの（箱根ヶ崎） 120

珈琲

香七絵（三鷹） 9
出茶屋（東小金井・武蔵小金井） 22
珈琲夢職人（西国立） 40

イタリアン

SOPRA（井の頭公園） 13
Ki・ari（西国立） 46
Vino Uno（狛江） 66
ASTANA GARDEN（多摩センター） 79
3.14（福生） 108

フレンチ

Ciel de Lyon（国立） 31
ぽわぶる（調布） 63
ラ・クロ（ひばりヶ丘） 85
アルブル（清瀬） 96

パン

happy DELLI（武蔵境） 14
Sana（三鷹） 16
ゼルコバ（昭島） 42
MAGOME（西八王子） 52
ゆいまーる生活館（八王子） 53
Panda co Panda（八王子） 56
ディープ フォレスト（八王子） 58
あこべる（府中・国分寺） 59
AOSAN（仙川） 60
SO LALA（稲城長沼・矢野口・稲城・京王よみうりランド） 72
CICIUTĒ／BAKERY（多摩境） 80
リトル・トリー（玉川学園前） 82
グルースゴット（河辺） 113
麦　muji（東青梅） 114

カレー

インド富士（東小金井） 19

お酒

ラヂオキッチン（国分寺） 28
木乃久兵衛（国立） 36
ニチニチ（国立） 37
Ozy's Dining 魚魚（立川） 41

中華

おにぎり

自然派レストラン etc.

著者　松井一恵《まついかずえ》（Walk Writer）

1964年、大阪生まれ。茅ケ崎経由で武蔵野に移り住む。取材執筆業は学生時代からで「女性のための編集者学校」2期生。フードアナリスト。主な本に『多摩おさんぽ日和』（けやき出版）、『東京玄米ごはん』『おいしいごはんの店～全国自然派レストランガイドブック』（ともに野草社）がある。好きなフットサルは背番号11。週2日専門図書室で図書館司書として働く。

えこ《eco》たま《多摩》食堂
多摩 元気ごはんの店70

2010年3月3日　第1刷発行

著者　松井一恵

発行者　清水定
発行所　株式会社けやき出版
〒190-0023　東京都立川市柴崎町3-9-6　高野ビル
TEL042-525-9909
FAX042-524-7736
http://www.keyaki-s.co.jp

撮影　松井一恵／戸田英範
デザイン　わたなべちゃいるど
DTP　株式会社メイテック
編集協力　多摩らいふ倶楽部
印刷所　株式会社リーブルテック

ISBN978-4-87751-407-5 C0076